Um was geht's denn wirklich?

Fragen an Ayya Khema
zur buddhistischen Praxis im Alltag

Um was geht's denn wirklich?

Fragen an Ayya Khema zur buddhistischen Praxis im Alltag

Herausgegeben von Traudel Reiß

JhanaVerlag

Jhana Verlag im Buddha-Haus
www.jhanaverlag.de oder www.buddha-haus.de
Wir senden Ihnen gerne unseren Gesamtkatalog zu.

Bibliografische Information der Deutschen Bibliothek
Die Deutsche Bibliothek verzeichnet diese Publikation in der Deutschen Nationalbibliografie;
detaillierte bibliografische Daten sind im Internet über http://dnb.ddb.de abrufbar

ISBN 978-3-931274-30-6

2. Auflage 2010

Redaktion: Traudel Reiß
Lektorat: Bärbel Wildgruber
Covergestaltung: Jörg Hoffmann
Satz: Claudia Wildgruber
Druck: EOS Druck, St. Ottilien

Inhalt

Vorwort

Als wir im Team des Jhana Verlages besprochen hatten, welches Projekt von Ayya Khema als Buch herausgegeben werden könnte, kam uns die Idee, dass es noch einen umfangreichen Schatz zu bergen galt: nämlich die gesammelten Fragen und Antworten. Diese insgesamt 57 Kassetten von unterschiedlicher Länge bis zu neunzig Minuten Spieldauer wurden von 1994 bis 1996 in allen großen Meditationsseminaren außerhalb des Buddha-Hauses mit Ayya Khema aufgenommen. Das bedeutete ein sehr umfangreiches Material, das zunächst dank vieler freiwilliger Helferinnen und Helfer erfasst werden konnte. Danach habe ich alles gesichtet und jede einzelne Frage jeder Kassette nach Themen eingeteilt und sortiert. Als dieser Prozess beendet war, sahen wir, dass damit Material für mehrere Bücher vorlag. Dann entschlossen wir uns dazu, als ersten Band einer Reihe mit Fragen und Antworten zu dem Thema „Buddhistische Praxis im Alltag" im Jhana Verlag zu veröffentlichen. Hier werden Achtsamkeit und Wissensklarheit, Tugend, Umgang mit negativen Gefühlen, das Entfalten von positiven Gefühlen und ganz allgemeine Fragen zur Praxis im Alltag behandelt. Das Letztere beinhaltet unter anderem Fragen zu Resultatdenken bei der Arbeit, Schwierigkeiten mit Menschen, Konfliktverhalten, nichtreagieren, auch werden Begriffe wie Gnade, Reue, Gewissen, Gewissensbisse, Schuld, Schuldgefühle erörtert, um nur einige aufzuzählen. Bei diesen Büchern handelt es sich nicht um eine systematische Darstellung der Buddhalehre, die bereits in diversen anderen Büchern umfassend dargestellt ist, sondern es werden Fragen zur Praxis von allgemeinem Interesse erklärt. Diese Art der Darstellung und Herangehensweise ist bis jetzt einmalig. Mögen sich viele Menschen durch die Kraft dieser Worte inspirieren lassen.

Traudel Reiß
Allgäu, im Herbst 2005

I
Im Hier und Jetzt sein – Achtsamkeit und Wissensklarheit

F: Kannst du uns bitte noch einmal die vier Grundlagen der Achtsamkeit erklären? Und geht es bei der zweiten Grundlage der Achtsamkeit, dem Gefühl, um angenehm, unangenehm und neutral?
A: Die erste Grundlage der Achtsamkeit bezieht sich auf den Körper, die Körperbewegungen. Das bedeutet, dass wir sowohl unseren spontanen, impulsiven Bewegungen Achtsamkeit schenken als auch den absichtlich durchgeführten Bewegungen. Hierbei ist es wichtig, auf das zu achten, was der Körper macht, sei die Handlung auch noch so minimal, wie die Tür schließen oder die Tür öffnen, die Hände zusammenlegen oder die Hände auseinander nehmen.

Bei der zweiten Grundlage der Achtsamkeit handelt es sich um unsere Emotionen. Wir lernen unsere Emotionen so genau kennen, dass wir die unheilsamen mit den heilsamen ersetzen können. Wenn wir also beispielsweise Gefühle des Ärgers, der Wut, der Ablehnung, des Neids oder des Stolzes empfinden, dann sollten wir sie genau erkennen und benennen, damit wir sie mit einer heilsamen Emotion ersetzen können. Es geht hierbei also nicht nur um angenehm, unangenehm und neutral, sondern es wird die Emotion selbst untersucht, sodass wir sie genau kennen lernen. Denn je besser wir uns kennen, desto besser können wir uns läutern.

Die dritte Grundlage der Achtsamkeit ist die Gemütsstimmung. Da diese meistens unterschwellig ist, ist es schwer sie zu benennen. Jedoch führt sie uns im Allgemeinen zu unseren Gedanken und Emotionen hin. Wenn die Gemütsstimmung sehr häufig negativ oder unruhig oder mit Wünschen durchsetzt ist, dann können wir das schon an unserer Stimmung spüren und sie vielleicht ersetzen, bevor wir reagieren. Die Reaktion tritt bei der zweiten und vierten Grundlage der Achtsamkeit auf: bei unseren Emotionen und Gedankeninhalten. Die Stimmung ist sozusagen der Auftakt für alles andere und wiederholt sich bei den meisten Menschen. Wenn wir diese unterschwellige Grundstimmung aber einmal erkannt haben, dann können wir ihr natürlich entgegenwirken.

Die vierte Grundlage der Achtsamkeit sind unsere Gedankeninhalte wie Pläne, Ideen, Urteile, Geschichten, Erinnerungen, Bilder, was immer sich dort abspielt. Dabei geht es darum, das Heilsame zu erkennen und das Unheilsame zu ersetzen.

Hier noch einmal die vier Teile der Achtsamkeit in Kurzform: Körperbewegungen, Emotionen, Stimmung, Inhalt der Gedanken.

Die Achtsamkeit dient dazu, uns erkennen zu lassen, wo das Unheilsame in uns vorhanden ist. Bei der Achtsamkeit außerhalb der Meditation geht es um das Erkennen der Emotionen und der Gedankeninhalte. Wenn wir uns beispielsweise den großen Zeh an einem Stein stoßen, dann spüren wir eine Empfindung, wie einen starken Druck, außerdem entsteht Schmerz und die Reaktion darauf sagt: „Na so was, warum muss der hier im Weg liegen?“, oder „Wie ungeschickt ich bin!“, oder „Au, tut das weh!“ Dass wir uns gestoßen haben, ist unwichtig, es zählt nur unsere Reaktion darauf. Wie wir uns verhalten, ist sehr bedeutsam, und was uns zu unserem Verhalten führt, können wir auch feststellen. Die Funktion der Achtsamkeit besteht darin zu wissen, was wir warum und wie tun.

F: Kannst du bitte an praktischen Beispielen erläutern, wie wir die vier Grundlagen der Achtsamkeit in der Meditation und im Alltag üben können?
A: In der Meditation wird die Achtsamkeit entweder auf den Atem gerichtet oder auf die Vertiefungen – das Gefühl in der Vertiefung – oder auf den Akt des Gehens – auf die Bewegungen bei der Gehmeditation – oder auf das Gefühl in der Liebenden-Güte-Meditation. Es kommt ganz darauf an, was zu der Zeit das Meditationsobjekt ist. Je achtsamer wir sind, desto einspitziger wird unser Geist, und je einspitziger der Geist ist, desto schärfer wird er und erlangt leichter Einsichten. Wir können die Achtsamkeit mit dem Anspitzen eines Bleistiftes vergleichen. Mit der Achtsamkeit spitzen wir unseren Geist an.

Außerhalb der Meditation lenken wir die Achtsamkeit auf die alltäglichen Verrichtungen, wie essen, gehen, Treppen steigen, sich anziehen, sich ausziehen, auf die Toilette gehen, Zähne putzen, Geschirr spülen, und so weiter. „Geschirr spülen beim Geschirrspülen“ ist ein Spruch, den Thich Nhat Hanh geprägt hat und der die beste Erklärung für Achtsamkeit darstellt. Die meisten Menschen haben viele Ideen, besonders beim Geschirrspülen. Zum einen ist es langweilig, zum anderen beherrschen wir es, und deshalb stellen sich dabei viele Gedanken ein. Darum bedeutet Achtsamkeit im

Alltag: Wir sind achtsam auf das, was gerade geschieht. Der Buddha hat die erste Grundlage der Achtsamkeit, den Körper, als die wichtigste Grundlage bezeichnet. Da es nicht immer möglich ist, auf den Körper achtsam zu sein, praktizieren wir die Kunst des Möglichen. Denn manchmal kommen intensive Emotionen hoch oder unheilsame Gedanken oder starke Gemütsstimmungen, die wir etikettieren und mit heilsamen ersetzen sollten. Was gerade am stärksten in uns vorhanden ist, bildet unser Achtsamkeitsobjekt. Und immer wieder kehren wir mit der Achtsamkeit zum Körper zurück. Wir essen beim Essen, wir putzen Zähne beim Zähneputzen, wir fegen den Fußboden beim Fußbodenfegen. Nichts anderes ist in dem Moment in unserem Gewahrsein.

F: Es ist sicherlich erstrebenswert, alle täglichen Verrichtungen mit Achtsamkeit auszuüben. Wie kann das praktisch funktionieren? Ich käme Stunden zu spät zur Arbeit. Oder werde ich mit der Zeit schneller?
A: Die Gehmeditation verlangsamt natürlich unser Gehen, aber das ist ja Meditation. Wenn wir im Alltag wirklich achtsam sind, dann geht uns alles schneller von der Hand und funktioniert besser. Mit Achtsamkeit erliegen wir häufig weniger dem Leistungsdruck und dem Resultatdenken. Menschen, die im Berufsleben stehen, haben viele verschiedene Aufgaben in relativ kurzer Zeit zu erledigen, was meiner Ansicht nach eher westlich ist. Während sich der Geist der ersten Aufgabe zuwendet, überlegt er bereits, wie er all die restlichen Aufgaben an einem Tag überhaupt schaffen kann und denkt auch noch daran, dass er ja rechtzeitig nach Hause gehen möchte. Er sieht ganze Berge zu erledigen und meint,

damit nur schwer fertig zu werden. Somit fühlt er sich unter Druck, aber das ist reine Unachtsamkeit. Wenn wir achtsam sind, dann bleiben wir bei dem, was wir gerade tun. Damit geht alles schneller, besser und wir erleben weder Druck noch Stress. Die meisten Menschen glauben, dass der Stress von außen kommt. Jedoch ist Stress der Druck, den wir aus mangelnder Achtsamkeit auf uns selbst ausüben. Wir sollten also nicht die Achtsamkeit im Alltag mit der Gehmeditation verwechseln, denn dabei handelt es sich um eine meditative Übung. Achtsamkeit ist aufpassen auf das, was jetzt anliegt, und das führt zu Leichtigkeit im täglichen Ablauf.

F: Ist Achtsamkeit an ein bestimmtes Tempo gebunden? Zu Hause würde ich meine vielen Aufgaben, wie Beruf, Familie, Haushalt, gar nicht schaffen, wenn ich alles so angenehm langsam erledigen würde wie hier beim Meditationskurs. Kann ich alles etwas schneller tun und trotzdem achtsam sein?
A: Darauf gibt es nur eine Antwort: ausprobieren! Wenn wir achtsam sind, dann können wir alles viel schneller erledigen, weil uns die störenden Gedanken und alle anderen Dinge, die wir sonst noch zu erledigen haben, nicht dazwischen kommen. Wir bleiben achtsam bei einer Sache und haben immer noch Zeit übrig. Zeit ist relativ und hat nur mit Konzentration zu tun. Vielleicht haben die meisten hier in diesem Kurs schon festgestellt, dass die Zeit während der Meditation schneller zu vergehen scheint, wenn wir konzentriert sind.

F: Kann ich viele Dinge gleichzeitig tun, Hauptsache, ich bin bei einer Sache bewusst? Oder sollte ich nur eine

Sache auf einmal tun und die optimal bewusst? Wenn ich beispielsweise bewusst gehe, dann könnte ich doch nebenbei ganz unbewusst essen.
A: Beim unbewussten Essen fällt mir als erstes eine weitere Frage ein: Ist es schlecht für die Verdauung? Am besten ist es, sich in allen Situationen – im Kurs, bei der Meditation, im Alltag – möglichst auf eine Sache zu konzentrieren und dabei zu bleiben, denn das ist alles, was wir können. Wir können nur eine Angelegenheit wirklich bewusst wahrnehmen. Während wir angeblich bewusst gehen und unbewusst essen, so wissen wir trotzdem, dass wir beim Gehen essen. Der Geist bewegt sich nämlich ganz schnell hin und her. Der Buddha hat gesagt, wir könnten 3.000 Geistesmomente in einem Lidschlag haben. Glücklicherweise kommt dies nicht sehr oft vor. Deshalb sollten wir uns auf keinen Fall diese Übung vornehmen, sondern bei einer Sache bleiben, denn wir können wirklich nur eine Angelegenheit zurzeit richtig erledigen. Sehr häufig sagen wir, dass wir zehn Dinge auf einmal zu tun hätten, aber auch das stimmt nicht, denn der Geist wechselt ganz schnell von einem zum anderen hin und her. Hilfreich im täglichen Leben ist es, die Kunst des Möglichen zu praktizieren. Aber hier im Kurs können wir die Kunst des Schwierigen erlernen, das heißt gehen beim Gehen oder essen beim Essen.

F: Jetzt beim dritten Kurs bei dir beginne ich die Bedeutung und den hohen Wert der Achtsamkeit bis in die kleinsten Verrichtungen zwischen den Sitzungen zu ermessen. Obwohl ich die Verbesserung der Konzentration darauf zurückführe, dass ich öfter achtsam bin, so hege ich wachsende Zweifel daran, was Achtsamkeit bedeutet.

Ich kann nur Aktivitäten aufzählen, die vielleicht dazu führen, oder feststellen, dass ich eben nicht achtsam war. Wenn ich mich innerlich frage, ob ich achtsam bin, dann bin ich es ja nicht mehr. Besteht das Ziel darin zu versuchen, einfach nicht unachtsam zu sein oder möglichst schnell zu bemerken, wenn ich unachtsam bin?
A: Achtsamkeit bedeutet, dass wir genau wissen, was wir tun, sei es mit dem Körper, durch die Emotionen, in unserer Gemütsstimmung oder mit unseren Gedanken. Im Prinzip ist es ganz einfach. Wenn wir gehen, gehen wir. Wenn wir ein Gefühl empfinden, sind wir uns darüber im Klaren, um welches Gefühl es sich handelt. Und auch bei einer Emotion oder einem Gedanken wissen wir, ob diese heilsam oder unheilsam sind. Das Unheilsame versuchen wir zu ersetzen. Es ist ganz einfach, wir sollten nur dabei sein, anstatt uns Fantasien, Hoffnungen oder Erinnerungen hinzugeben oder den Geist in die Ferne schweifen zu lassen. Natürlich ist es hilfreich zu wissen, wenn wir unachtsam geworden sind, weil wir in diesem Moment wieder achtsam werden. Der Buddha hat als wichtigste Achtsamkeitsübung die Achtsamkeit auf den Körper genannt, das heißt auf die absichtlichen und auch die impulsiven Bewegungen. Solange wir auf den Körper achtsam sind, haben wir weder Probleme mit unseren Emotionen noch mit unseren Gedanken. Es kann überhaupt nichts passieren, was negativ ist. Ich möchte sehr dazu raten, das einmal auszuprobieren. Wir können Schritte machen und wissen, dass wir Schritte machen, oder die Treppe heruntergehen und wissen, dass wir die Treppe heruntergehen, oder uns hinsetzen und wissen, dass wir uns hinsetzen. In dem Moment ist alles so, wie es ist, und es kann uns nichts Unheilsames

passieren. Achtsamkeit bedeutet einfach zu wissen, was geschieht.

F: Durch das ständige Aufpassen auf jede Körperbewegung und -regung nehmen wir den Körper doch unwahrscheinlich wichtig. Identifizieren wir uns dadurch nicht immer mehr mit dem Körper, anstatt diese Identifikation zu entschärfen?
A: Hier wird die Achtsamkeit falsch verstanden. Achtsamkeit ist vollkommen neutral und es gibt dabei keinen Identifikationsprozess. Um achtsam zu sein, müssen wir neutraler Beobachter sein. Wenn wir die Bewegungen des Körpers kennen lernen und wissen, dass der Geist sie anordnet, bringt uns das zur ersten Einsichtsstufe, dass Geist und Körper zwei sind und der Körper dem Geist gehorchen soll, was er nicht immer macht oder kann. Unsere Identifizierung mit dem Körper ist vorhanden, aber sie wird durch die Achtsamkeit auf die Bewegungen etwas vermindert, weil wir wissen, dass da nichts anderes ist als eine vergängliche Bewegung.

F: Wenn ich bei einer Tätigkeit, wie ein Bild malen oder eine Arbeit am Computer schreiben, so versunken bin, dass ich die Zeit vergesse und fast nichts mehr um mich herum wahrnehme, ist das Achtsamkeit, Konzentration, Trance oder etwas anderes?
A: Es ist so starke Achtsamkeit, dass es zur Konzentration wurde, und es ist ein sehr gutes Übungsfeld für die Meditation. Bei Menschen, die malen oder am Computer arbeiten, kommt dies sehr häufig vor. Zuerst ist es Achtsamkeit, und wenn wir uns der Tätigkeit vollkommen hingeben, ohne ein Resultat zu erwarten, wird es wahre

Konzentration. Jemand, der ein Bild malt, denkt dann nicht dabei: „Ich hoffe, das gefällt jemandem“, oder: „Ich hoffe, ich kann es verkaufen“, oder: „Ob rot jetzt modern ist?“, oder: „Vielleicht wäre blau besser“, sondern dieser Mensch schöpft aus seinem Inneren. Dann ist die Ich-Bezogenheit zu der Zeit nicht vorhanden und die Konzentration kann äußerst stark werden und ist eine große Hilfe für die Meditation.

F: Könntest du bitte etwas mehr über die Grundstimmung sagen, die du erwähnt hast?
A: Wenn wir unsere Grundstimmung erkennen und vom Negativen ins Positive ändern können, so haben wir dadurch eine enorme Hilfe, weil dann gar nicht erst negative Gedanken und Emotionen hochkommen und daher ist das ein ganz wichtiger Punkt der Achtsamkeit. Es ist keine offensichtliche Stimmung, sondern eher eine unterschwellige. Wie finden wir sie bei uns heraus? Diese Grundstimmung ist sozusagen wie ein Gedankenmuster, das wir immer wieder haben. Wenn wir unsere Gedanken etikettieren, wird uns bald bewusst, dass sich da ein sich wiederholendes Muster abspielt, das aus fantasieren, hoffen, sich erinnern, planen, sich an die Vergangenheit klammern oder dösen bestehen kann, um ein paar aufzuzählen. Diese Gedankenmuster können wir durch das Etikettieren kennen lernen und wir können erkennen, dass wir damit im Alltag unser Leben verpassen. Dasselbe gilt für unsere Stimmungen. Wir alle haben verschiedenartige Stimmungen in uns und wahrscheinlich können wir dabei einen roten Faden finden, der sich wiederholt, wenn wir uns genau untersuchen. Dies ist dann die Grundstimmung, die

immer wieder erscheint und auch ausgetauscht wird durch eine andere Stimmung, wenn sich etwas ereignet, die aber dennoch immer wiederkommt. Wenn wir diese sich wiederholende Grundstimmung erkennen und sie ändern können, wenn sie sehr negativ ist oder in eine Art Ablehnung oder Widerwillen verfällt, dann müssen wir uns nicht mit negativen Gedanken und Emotionen abgeben, sondern wir verändern stattdessen unser gesamtes Innenleben. Heutzutage gibt es sogar viele Menschen, die eine solch' negative Grundstimmung haben, dass sie mit dem Leben nicht mehr fertig werden. Dann müssen wir natürlich massiver eingreifen. Aber im Allgemeinen tragen wir lediglich Negativität in uns, und wenn wir diese Stimmung haben, dann versuchen wir, sie gedanklich zu begründen. Dann denken wir beispielsweise: „Ich muss mich so fühlen, weil mein Partner sich so und so benimmt“, oder: „Ich muss mich ja so fühlen, weil die Welt so schlecht ist“ oder: „Ich fühle mich so und daher glaube ich, dass mein Partner an allem Schuld ist.“ Der Gedanke, der auf diese Stimmung folgt, will die Stimmung dann erklären, was aber unnötig ist. Wir müssen nur die Stimmung erkennen und ändern. Das ist alles. Auch ist es nicht nötig zu untersuchen, wieso wir diese negative Stimmung haben, denn dabei kommen noch viele weitere Negativitäten hoch. Sie ist einfach da, muss jedoch nicht dableiben. Natürlich gibt es auch Menschen, die eine fröhliche Grundstimmung haben und sich nicht mit vielen Negativitäten abgeben müssen. Aber auch sie reagieren, wenn sie noch nicht gelernt haben nicht reagieren zu müssen. Jedoch haben sie es mit der fröhlichen Grundstimmung leichter und können einfacher ihre negativen Gedanken und Emotionen mit heilsamen ersetzen. Wer eine sehr negative Stimmung hat, muss oder sollte an seiner Stimmung arbeiten, weil es viele gute Resultate mit sich bringt. Wenn wir unsere Grundstimmung erkennen, so kann das ein Durchbruch sein zu einem ganz neuen inneren Erleben. Und das ist ja das Ziel der Meditation und Kontemplation: ein neues inneres Erleben.

F: Ich wache jeden Morgen mit einem Grundpessimismus auf. Ich kann noch so viel mit Glück und Freude am Abend zuvor erfüllt sein, der Grundpessimismus bricht morgens doch wieder durch. Was kann ich dagegen tun?
A: Die Grundstimmung in sich selbst zu erkennen, ist die dritte Grundlage der Achtsamkeit. Die erste ist der Körper, die zweite sind die Gefühle, die dritte sind die Gemütsstimmungen, die vierte der Inhalt der Gedanken. Die Gemütsstimmung in sich zu kennen, ist ein Hilfsmittel und es gilt dabei genau dasselbe, wie bei dem Inhalt der Gedanken. Wenn diese unheilsam ist, dann ersetzen wir mit dem Heilsamen. Wenn wir also morgens merken, dass wir voller Pessimismus und Negativität aufgewacht sind, dann ersetzen wir so schnell wie möglich mit etwas Positivem. Das heißt, wir erinnern uns an etwas Schönes, wie zum Beispiel den Abend zuvor, an dem wir Glück und Freude erlebt haben, und untersuchen, wie das gekommen ist, und ersetzen diesen Pessimismus wieder. Im Prinzip sind weder Pessimismus noch Optimismus eine nutzbringende Gemütsstimmung. Die einzige, wirklich nützliche ist Realismus, das heißt, die Dinge so zu sehen, wie sie wirklich sind. Aber die eigene Gemütsstimmung kennen zu lernen, ist äußerst wichtig, weil die meisten

Menschen eine ständig wiederkehrende Gemütsstimmung haben, außer wenn gerade etwas äußerst Angenehmes passiert oder auf der anderen Seite etwas äußerst Unangenehmes. Dann reagieren sie mit den Emotionen der Begierde und der Ablehnung. Im Allgemeinen sind wir mit unserer Grundstimmung durchsetzt, die unsere Gedanken und Emotionen vollkommen beeinflusst. So ist es eine sehr gute Einsicht, gemerkt zu haben, dass das schon morgens der Fall ist.

F: Was ist Spontaneität in Bezug auf Achtsamkeit?
A: Spontaneität hat nicht nur in Bezug auf Achtsamkeit eine Bedeutung. Ein Geist, der spontan ist, ist auch flexibel, kann sich in jede Situation leicht hineinfinden, ist fähig, seine festgefahrenen Ansichten und Meinungen loszulassen. Welch eine Erleichterung das ist! Und wenn wir einen spontanen Geist haben, dann sehen wir ganz leicht die Zusammenhänge. Er versteht, weil er die Zusammenhänge sieht, und nicht, weil er so klug ist. Und mit diesem Sehen der Zusammenhänge hat er dann eine neue Sichtweise. Ein spontaner Geist kann auch schlagfertig sein, was nichts mit Instinkten zu tun hat, sondern einzig und allein mit einem Geist, der sich in viele Richtungen orientieren kann und nicht festgefahren ist. Das gilt nicht nur für Achtsamkeit, aber Achtsamkeit gehört zu allem dazu.

F: Du hast heute erwähnt, dass wir beim Schlafen achtsam sein können. Hast du dich hierbei lediglich auf die Traumphasen bezogen oder auch die Tiefschlafphasen gemeint?
A: Weder – noch. Diese Achtsamkeit des Schlafes ist

eine ganz besondere Art des Schlafens und schwer zu erklären. Es hat weder mit Träumen zu tun noch mit Tiefschlaf. Der Buddha hat es nicht erklärt, sondern er hat nur gesagt, dass er achtsam schlafe. Und wenn wir es selbst erleben, dann wissen wir, was damit gemeint ist. Wenn es uns vielleicht das erste Mal spontan geschehen sollte, können wir sehr leicht denken, dass wir nicht schlafen, und uns darum bemühen einzuschlafen. Dennoch merken wir am nächsten Morgen, dass wir ganz ausgeruht sind. Im Prinzip könnten wir sagen, dass es in etwa das Gegenteil von Tiefschlaf ist, aber es ist auch nicht das genaue Gegenteil, weil es ja achtsam ist.

F: Obwohl ich die Achtsamkeit ganz auf das Kauen richten will, schmecke ich das Essen, höre den Kauakt und spüre mit der Zunge, was noch im Mund ist. Ist dies alles ein Achtsamkeitsakt oder kann ich da noch entflechten?
A: Auf jeden Fall handelt es sich um Achtsamkeit, wenn wir das Essen schmecken, das Kauen hören und mit der Zunge spüren, was noch im Mund ist. Auch ist es besser, als sich beim Essen zu überlegen, welches Rezept wohl verwendet wurde oder ob es gut schmeckt oder nicht. Hier wechselt die Achtsamkeit von einer Handlung zu einer anderen, aber im Prinzip schadet das nichts. Hauptsache die Bewusstheit bleibt bestehen. Wenn nur das Kauen als Achtsamkeitsobjekt benutzt werden sollte, dann kommen ja unweigerlich das Schmecken und das Schlucken hinzu. Während des Kauens können wir natürlich versuchen, die Achtsamkeit nur auf den Akt des Kauens zu richten, aber wir werden auch abgelenkt. Da ist das Geräusch, wie hier erwähnt wird, und dann gibt es den Spürsinn

mit der Zunge und auch noch den Geschmack. Das ist vielleicht nicht hundertprozentige Achtsamkeit, aber es ist bedeutend besser als das, was wir sonst beim Essen tun. Im Allgemeinen achten wir gar nicht auf das Essen, sodass wir doch einmal versuchen könnten, jedes Mal, wenn der Geist von dem Akt des Kauens abschweift, ihn wieder zum Kauen zurückzubringen. Dann wird es eine noch einspitzigere und bessere Achtsamkeitsübung.

F: Du hast gesagt, dass wir die Achtsamkeit auch nach außen richten können, indem wir andere Menschen beobachten und darauf achten, wie achtsam sie sind. Habe ich das richtig verstanden? Wenn ja, würde ich gerne wissen, wie das gemacht wird und wie das ohne zu bewerten funktioniert.

A: Dazu ist es wichtig, Menschen zu beobachten, die wirklich achtsam sind, und nicht solche, die es nicht sind, denn dann ist der menschliche Geist sofort beim Beurteilen. Das Bewerten ist schon wieder der nächste Schritt und keine Achtsamkeit. Wenn wir etwas beobachten, was uns wirklich als ein gutes Beispiel dienen kann, so können wir uns daran orientieren und erkennen, dass Achtsamkeit sich ganz deutlich zeigt. Mit dem guten Beispiel haben wir also einen edlen Freund, mit dem wir gar nicht reden müssen, sondern der uns etwas vorlebt. Das kann sehr hilfreich sein. Wenn wir ein Beispiel haben, dem wir folgen können, sind auch keine Werturteile mehr nötig. Sobald wir jemanden beurteilen, haben wir uns schon wieder von der Achtsamkeit des reinen Beobachtens entfernt, haben die Sache entweder als gut oder schlecht befunden und uns damit in die Dualität begeben. Sobald wir bewerten, separieren wir uns und errichten Grenzen zwischen uns und dem anderen. Wir haben uns so viele Grenzen gesetzt, die ich sehr häufig mit Schubladen vergleiche, in denen wir immer Ordnung machen wollen. Jedoch ist das unmöglich, denn sie fließen alle ineinander und existieren überhaupt nur in diesem einen Moment. Viele Menschen wollen vor allem in ihren vergangenen Schubladen Ordnung schaffen, aber das ist unmöglich und von daher eine Zeit- und Energieverschwendung. Wenn in diesem Moment die Achtsamkeit eines anderen existiert, so ist das ebenso meine Achtsamkeit, denn es fließt alles ineinander. Wir separieren uns also nicht, sondern sehen nur den Spiegel und nehmen diese edle Achtsamkeit in uns auf.

F: Bitte mache noch einmal den Unterschied zwischen der Achtsamkeit auf den Atem und der Kontrolle des Atems deutlich.
A: Wir wollen die Dinge so kennen lernen, wie sie wirklich sind, und auch den Atem, wie er wirklich ist. Wenn wir ihn kontrollieren, dann machen wir etwas mit dem Atem. Die Kontrolle des Atems geschieht sehr häufig aus Angst davor, die Kontrolle zu verlieren. Dazu können wir uns einmal fragen, ob wir überhaupt im Leben Kontrolle haben. Geschieht alles von morgens bis abends so, wie wir es selbst bestimmen können? Das sollten wir einmal untersuchen. Wir haben überhaupt nur sehr wenig Kontrolle, und wenn unser Geist nicht gezähmt ist, dann können wir ihn gar nicht kontrollieren. Einen gezähmten Geist können wir schon kontrollieren. Wenn wir also den Atem bestimmen, dann ist das der Meditation entgegengesetzt, denn die will kennen lernen, wie es ist. Bei der Meditation lassen wir uns in den Atem

hineinfallen, geben uns dem Atem hin und erkennen ihn so, wie er ist, anstatt etwas damit zu machen. Die Meditation ist eine Geistesübung und keine Atemübung. Das ist der ausschlaggebende Unterschied.

F: Worin besteht der Unterschied zwischen Achtsamkeit und Konzentration?
A: Dies ist eine wichtige Frage. Konzentration bedeutet Einspitzigkeit, beispielsweise auf ein Meditationsobjekt. Konzentration heißt auf Pali „*samādhi*". Und *sammā samādhi* – rechte Konzentration – ist der achte Schritt auf dem Edlen Achtfachen Pfad. Achtsamkeit heißt auf Pali „*sati*" und ist der siebte Schritt auf dem Edlen Achtfachen Pfad. Achtsamkeit ist sozusagen eine Ursache für Konzentration, aber nicht die meditative Konzentration selbst. Natürlich brauchen wir für Achtsamkeit auch Konzentration, damit wir mit der Achtsamkeit dableiben, wo wir gerade sind, aber es handelt sich nicht um einspitzige Konzentration. Wir können ja alle vier Grundlagen der Achtsamkeit benutzen und uns der Grundlage zuwenden, die gerade im Moment ansteht. Wenn wir zum Beispiel unsere Schritte beobachten, und gleichzeitig kommt vielleicht Wut in uns hoch, so ist es sehr unwahrscheinlich, dass wir bei den Schritten bleiben können. Stattdessen wenden wir uns der Wut zu. Wenn wir uns der Wut nicht bereits zugewandt hätten, dann wäre es uns ja gar nicht bewusst gewesen, dass Wut in uns vorhanden ist. Achtsamkeit ist also kein einspitziger Prozess, sondern es ist ein Prozess des bewussten Aufpassens auf die Dinge, die in uns vorgehen. Hingegen bedeutet die Konzentration, dass wir den Geist einmal vom Denken weg- und zum Erleben hinführen. Wenn wir

das Denken einmal loslassen können, dann können wir uns konzentrieren. Wir können das Denken nur dann aufgeben, wenn wir bereit sind, unsere Ich-Bezogenheit aus der Mitte unseres Seins etwas zu verschieben. Wenn wir dazu bereit sind, dann sind wir in der Lage, einmal ohne Denken auszukommen und uns zu konzentrieren. Und dann beginnt das Erleben der Meditation und die Methode ist beendet. Das Erleben bringt uns auf andere Bewusstseinsebenen, die uns ganz neue Horizonte zeigen.

F: Ich kann die Begriffe Achtsamkeit und Konzentration noch immer nicht genau unterscheiden. Um achtsam das Herunterdrücken einer Türklinke zu erleben, muss ich mich doch darauf konzentrieren. Und statt mich auf den Atem zu konzentrieren, kann ich doch auch sagen: Ich folge achtsam dem Atem.
A: Wir können Worte in allen möglichen Zusammensetzungen benutzen. Aber beim Edlen Achtfachen Pfad, den der Buddha uns überliefert hat, gibt es die drei Schritte der Meditation: rechte Anstrengung, rechte Achtsamkeit und rechte Konzentration, wobei eins ist die Ursache des nächsten ist. Die rechte Anstrengung führt zur rechten Achtsamkeit, die die rechte Konzentration bringt, worunter wir Einspitzigkeit verstehen. Ohne Achtsamkeit kommen wir nicht zur Einspitzigkeit. Solange wir achtsam sind, haben wir eine sehr gute Chance, einspitzig zu werden.

F: Bedeutet Konzentration eine Aufeinanderfolge von Momenten der Achtsamkeit auf ein Objekt? Das heißt, dass keine anderen Gedanken sonst auftauchen? Oder

bemerken wir die sonstigen Gedanken, Gefühle und Empfindungen nicht, weil wir uns so auf eine Sache konzentrieren?
A: Die Konzentration ist auch eine Gedankenformation. Wenn also eine Formation in unserem Geist ist, dann existiert zu der Zeit keine andere. Wenn wir wirklich konzentriert sind, gibt es auch keine Gedanken. Glücklicherweise können wir nur eine Sache auf einmal mit unserem Geist machen. Wäre das nicht der Fall, so wäre alles noch schwieriger für uns, aber natürlich können die Geistesmomente sehr schnell wechseln. Wenn wir also die Achtsamkeit auf ein Objekt richten, so sind in dem Moment keine anderen Gedanken vorhanden. Natürlich können Gefühle und Empfindungen vorhanden sein. Manchmal kommt es vor, dass uns das Knie schmerzt, wenn wir aus der Konzentration herauskommen und aufstehen. Der Schmerz hat aber nicht erst in dem Moment begonnen, sondern war schon vorher da, aber weil wir konzentriert waren, ist er nicht an die Oberfläche der Wahrnehmung geraten. Die Wahrnehmung war ganz einspitzig auf das Meditationsobjekt gerichtet. So ist es leicht möglich, dass wir Empfindungen haben, diese aber nicht wahrnehmen. Das Aufeinanderfolgen von Momenten ist genau das, was ständig bei uns geschieht. Wir können es gar nicht besser ausdrücken. Wir haben zum Beispiel bei der Achtsamkeit oder bei der Konzentration das Gefühl oder eher die Idee, dass wir nur da sind, einfach da sind und der Geist sich ganz solide einer Sache widmet. Das ist nur eine Idee, es ist auch ein Gefühl dahinter, weil wir meistens nicht so achtsam sind, dass wir effektiv spüren, dass alles Geschehen nur ein Aufblitzen ist. Jede Wahrnehmung, jeder Gedanke,

jedes Gefühl, jede Empfindung, jede Konzentration, jede Achtsamkeit sind Momente, und diese Geistesmomente sind genau das, was wirklich geschieht. Und wenn wir das einmal verspüren, so bringt es die Solidität der Persönlichkeit etwas ins Wanken und wir glauben nicht mehr daran.

Alles, was bei uns geschieht, ist ein Aufeinanderfolgen von Momenten, es gibt nichts anderes. Das gesamte Universum ist ein Aufeinanderfolgen von Momenten. Wir leben in der Illusion der Solidität und erleben sie auch, aber das ist nur darauf zurückzuführen, dass ständige Kontinuität existiert. Die Achtsamkeit ist also kontinuierlich, wenigstens ein paar Momente hintereinander. Und da sie sich in ihrer Bewegung zusammenzieht, auseinander fällt und wieder zusammenzieht, spüren wir durch die Kontinuität dieser geistigen Momente nicht den ständigen Zerfall. Und das gilt für alles, was uns betrifft. Wem ist zum Beispiel beim Erleben des Atems bewusst, dass dieser vergänglich ist? Erst wenn wir das ansprechen, werden wir uns dessen wieder bewusst. Wir haben im Allgemeinen den Eindruck, dass ständig alles von irgendetwas zusammengehalten wird, aber das ist eine Illusion. Da alles so kontinuierlich wiederkommt, glauben wir, dass es fließend ist. In dem Moment, in dem die Achtsamkeit den Geist anfüllt, gibt es keine anderen Gedanken.

F: Im Laufe vieler Jahre der Entwicklung vermag ich immer deutlicher, direkter und auch schneller meiner inneren Stimme nachzugehen und kann sie wie eine innere Führung begreifen. So bin ich dazu übergegangen, meine innere Stimme zu fragen, ehe ich in einer zunächst

schwierig erscheinenden Sache zu einer Entscheidung gelange, und ich finde so Antworten für mein Tun und Lassen. Worum handelt es sich gemäß der Buddhalehre bei diesem Vorgang? Ist es dasselbe wie Kontemplation? Wie wäre meine Übung mit der Praxis der Meditation anzugehen? Gegebenenfalls zum Vertiefen?
A: Hierbei handelt es sich um innere Gefühle, denen wir vertrauen. Aber der Buddha lehrt etwas anderes, nämlich einen Begleiter für die Achtsamkeit, der Wissensklarheit genannt wird. Die Wissensklarheit können wir für Entscheidungen sehr gut verwenden, erklärt der Buddha. Selbstverständlich können wir auch auf unsere Gefühle hören, aber da wir ja immer noch – solange wir nicht erleuchtet sind – Hass und Gier in uns tragen, sind die Gefühle nicht immer verlässlich. Es kann leicht vorkommen, dass wir einen Fehler begehen, obwohl das Gefühl sehr deutlich ist, denn es ist möglich, dass wir das uns Angenehme tun, obwohl es uns nicht bewusst ist.

Die Wissensklarheit geht anders vor und wird vom Buddha folgendermaßen gelehrt: Wenn wir beabsichtigen, etwas zu denken, zu sagen oder zu tun, dann sollten wir als erstes den Zweck untersuchen. Wir untersuchen, worin unsere Motivation besteht, die dahinter steht, der Zweck dieses Gedankens, dieses Wortes oder dieser Handlung. Wenn wir davon überzeugt sind, dass der Zweck gut oder heilsam ist, wobei wir uns natürlich irren können – ebenso wie bei unseren Gefühlen –, dann prüfen wir, ob wir das beste Mittel zur Erfüllung des Zwecks benutzen. Wenn wir uns beispielsweise vorgenommen haben, einem anderen Menschen zu sagen, dass uns irgendetwas nicht passt, weil wir uns nicht immer alles gefallen lassen wollen, dann müssen wir uns überlegen, ob die Worte, die wir benutzen wollen, dazu geeignet sind oder ob wir vielleicht bessere Worte finden können, sodass es eventuell leichter zu vermitteln ist. Wenn wir also davon überzeugt sind, dass das, was wir vorhaben zu tun, das beste Mittel ist, dann sollten wir untersuchen, ob Zweck und Mittel im *Dhamma* verankert sind. Mit anderen Worten: Würde der Buddha es tun? Darunter können wir uns vielleicht etwas vorstellen. Wenn auf alle drei Schritte die Antwort ja lautet, dann können wir unser Vorhaben durchführen. Danach untersuchen wir, ob wir den Zweck, den wir anstrebten, erfüllt haben oder nicht. Wenn der Zweck nicht erfüllt wurde, dann untersuchen wir, warum nicht. Dies hat der Buddha empfohlen als eine Richtung und einen Wegweiser für unsere Entscheidungen. Es vermindert die Impulsivität, was sehr wichtig ist. Auf diese Weise handeln wir nicht plötzlich impulsiv und nachher tut es uns Leid, sondern wir überlegen es uns vorher genau. Sicherlich können auch dabei Fehler auftreten. Ich schlage vor, beides miteinander zu verbinden: auf unsere Gefühle hören und die Wissensklarheit benutzen.

F: Wie kann ich bei der ersten Grundlage der Achtsamkeit, dem Körper, aufteilen in reines Beobachten und Wissensklarheit? Ist beispielsweise bei der Gehmeditation reines Beobachten bei der Bewegung jedes einzelnen Schrittes und das Erkennen der Absicht des Gehens und beobachten von Anfang, Mitte und Ende der Bewegung die Wissensklarheit? Ist bei der Atembetrachtung in der Meditation das Sich-in-den-Atem-Einfühlen reines Beobachten und das Erkennen von Entstehen und Vergehen eines Atemzuges die Wissensklarheit? Welches der bei-

den, reines Beobachten oder Wissensklarheit, in Bezug auf den Körper sollte ich im Tagesablauf außerhalb der Meditation verwenden?
A: Beides. Die Fragen sind schon selbst absolut richtig beantwortet. Es kommt ganz darauf an, wie weit der Geist Ruhe aufrechterhalten kann. Beim reinen Beobachten muss er nämlich ruhiger sein, denn dabei kann er nichts erzählen, sondern muss erst einmal nur aufpassen. Bei der Wissensklarheit hat der Geist ja wieder etwas Aktivität. Das heißt also, er kann sich etwas mehr ausbreiten. Es hängt vom Tagesablauf ab. Wenn sowieso mehr Aktivität herrscht, werden wir wohl mit der Wissensklarheit arbeiten müssen. Wenn es aber recht ruhig ist und wir nicht allzu viele Reaktionen oder mit anderen zu tun haben, können wir auch reines Beobachten benutzen. Es ist beides äußerst hilfreich und wichtig. Das reine Beobachten bringt Achtsamkeit und eine meditative Haltung ins tägliche Leben. Das Erkennen der Vergänglichkeit und des Entstehens und Vergehens enthält auch das Erkennen der Unpersönlichkeit. Und es kommt auf die Situation an, in der wir uns befinden, welches wir gerade besser verwenden können. Wahrscheinlich können wir während eines ganzen Tages beides, mal das eine, mal das andere verwenden. Durch das reine Beobachten erlangen wir mehr Ruhe, die wiederum das Erkennen stärkt, was die Erkenntnis der Vergänglichkeit und der Unpersönlichkeit fördert.

II
Die Kraft der Tugend

F: Du hast einmal erklärt, dass wir die Wahrheit nicht sagen sollen, wenn sie jemanden verletzt.
A: Im Prinzip können wir auch dann einem anderen die Wahrheit mitteilen, wenn sie verletzend sein könnte, jedoch sagen wir sie nie in einer verletzenden Art und Weise, sondern wir warten immer den richtigen Moment ab. Der richtige Moment ist immer dann gekommen, wenn wir selbst voll liebender Güte sind. Die Wahrheit sollten wir so aussprechen, dass sie für den anderen hilfreich ist.

F: Könntest du das noch einmal genau erklären, weil ich immer noch darüber nachdenke und mir das nicht klar ist? Wenn zum Beispiel jemand belogen und betrogen wird und ich würde es wissen und es würde dem andern dann wehtun, wenn ich ihm die Wahrheit sage. Aber wenn ich ihm die Wahrheit nicht sage, wird er weiterhin belogen und betrogen und das ist doch auch verletzend.
A: Es ist eine Möglichkeit, jemandem liebevoll beizubringen, dass er nicht achtsam war. Was wir ihm sagen können, ist, dass jemand nicht gut aufpasst, wenn er sich belügen und betrügen lässt, und dann können wir ihm vielleicht helfen, besser aufzupassen. Aber mehr müssen wir nicht dazu sagen. Wir können ihm vielleicht helfen,

achtsamer zu werden. Im Allgemeinen müssen wir die Achtsamkeit natürlich auch selbst üben. Es ist sehr schwer, einem anderen Menschen zu helfen, achtsam zu sein. Auf jeden Fall hat der andere dann die Information. Sagen wir also jemandem, dass er belogen und betrogen wird, dann würde ich versuchen, dem anderen zu helfen besser aufzupassen und vielleicht etwas mehr Einsicht zu bekommen. Und wir sprechen immer nur dann darüber, wenn unser Herz voll liebender Güte und ohne jegliche Ablehnung und Ärgernis ist. Es ist unmöglich, jemand anderem etwas beizubringen, wenn wir ihm das nicht in irgendeiner Weise zeigen können, die er akzeptieren kann.

F: Es tut uns doch auch weh, wenn der Buddha sagt, dass das Leben Leiden und unser „Ich" nur eine Illusion sei. Das wollen wir doch auch nicht wissen.
A: Das ist das Einzige, was alles Leiden beenden kann und das einzig Erhebende und Erhabene. Wenn uns das wehtut, dann stehen wir allerdings mit dem Buddha auf Kriegsfuß und hadern mit seiner Lehre. Die Lehre hat nichts anderes im Sinn, als uns zu zeigen, dass wir auf einer falschen Denkfährte sind. Dass es natürlich nicht sofort möglich ist, vollkommen umzukehren, ist klar, denn dazu brauchen wir Zeit und die Fähigkeit des Meditierens und der Achtsamkeit. Sollte es uns aber wehtun, dass das Leben Leiden ist, dann sind wir allerdings in *Dukkha* verstrickt. Das Schmerzgefühl hört erst auf, wenn wir erkannt haben, dass Existenz immer mit Leid verbunden ist. Dann brauchen wir nicht zu leiden, denn so ist es nun einmal. Wir brauchen nicht unter den Kleinigkeiten zu leiden, die wir so oft als Leid betrachten.

Und wir müssen auch nicht unter den großen Dingen wie zum Beispiel dem Tod leiden. Wenn wir uns etwas mehr mit *Dukkha* beschäftigen, dann erkennen wir, dass Existenz nie vollkommen zufrieden stellend ist.

Es gibt die Tat, aber keinen Täter.
Es gibt das Leid, aber keinen Leidenden.
Es gibt den Weg, aber keinen, der ihn beschreitet.
Es gibt Nibbāna, aber keinen, der es erreicht.

Das bedeutet nicht, dass *Nibbāna* nicht erreichbar wäre, aber „Ich" habe da keinen Platz. Es wird noch etwas missverstanden, wenn geglaubt wird, dass die Aussage des Buddhas von der ersten Edlen Wahrheit, der Wahrheit des Leidens, Leiden verursacht. Im Gegenteil, es nimmt eines Tages alles Leiden weg. Denn wenn Existenz Leiden ist, dann ist es doch klar, dass jeder auch davon berührt wird. Wenn wir nicht wissen wollen, dass das „Ich" nur eine Illusion ist, so ist das eine etwas unglückliche Formulierung, möchte ich sagen. Denn wenn wir das nicht wissen wollen, dann wollen wir nichts vom Buddha wissen. Es ist ja das Genie des Buddhas gewesen, dass er uns erklären konnte, wo wir falsch denken und wie wir richtig denken können. Vielleicht ist es auch interessant dabei, noch einmal zu erwähnen, dass Menschen, wie Meister Eckhart, genau dasselbe erkannt, nur mit anderen Worten ausgedrückt haben, nämlich dass jegliche mystische Erfahrung darauf zurückzuführen ist, dass kein persönliches Ich existiert. Dazu können wir auch einmal untersuchen, weshalb wir meditieren wollen. Möchten wir es etwas angenehmer im Leben haben? Haben wir noch nicht genügend Annehmlichkeiten? Oder was möchten wir wirklich? Wissen wir, dass die Annehmlichkeiten, die wir bekommen können, nur kurzfristig sind? Auch wäre es wichtig, sich nochmals zu überlegen, was einem die Buddhalehre zeigen soll. Denn das hier Erwähnte ist genau das, was sie zeigen soll.

F: Kann ich einem Kollegen sagen, was mir an ihm nicht gefällt, was er nicht richtig macht, was ich nicht in Ordnung finde, also ihm ganz klar und direkt meine Meinung über sein Verhalten sagen? Oder soll ich es lieber lassen und liebende Güte für mich und ihn üben?
A: Der Buddha hat dazu die folgende Anweisung gegeben, wie wir einem anderen Menschen etwas sagen können. Wenn wir etwas wissen, von dem wir glauben, dass es für einen anderen hilfreich sein könnte, aber es ist unwahr, dann sollten wir es auf keinen Fall sagen. Wenn wir etwas wissen, von dem wir glauben, dass es für einen anderen hilfreich sein könnte, und es könnte ihm wehtun, sollten wir es auf keinen Fall sagen. Wenn wir etwas wissen, von dem wir glauben, dass es dem anderen hilfreich sein könnte, und es ist wahr, dann sollten wir den richtigen Moment finden. Und der richtige Moment kommt erst, wenn wir voll liebender Güte für den anderen sind und nicht das Gefühl in uns tragen, dass wir ihm einmal die Wahrheit sagen müssen. Denn das ist garantiert erfolglos. Im Gegenteil, der andere hört entweder nicht zu oder kommt mit einer Entgegnung, mit einem Argument, und es passiert nichts anderes, als dass wir uns streiten. Aber wenn wir den richtigen Moment abwarten, so heißt das, dass wir ganz ehrlich und wirklich liebende Güte und Mitgefühl für den anderen empfinden und wissen, dass das, was wir sagen,

dem anderen helfen könnte, und wir sagen es nicht, um uns selbst zu helfen, damit der andere uns nicht mehr so viel stört. Aber das müssen wir untersuchen, und wenn wir uns darüber nicht so ganz klar sind, dann sollten wir besser liebende Güte üben.

F: Ich bin Lehrerin in der Schule und bemühe mich seit Jahren verzweifelt um die rechte Rede in diesem Bereich, der von Ansichten und Meinungen, Be- und Verurteilungen, Tratsch und so weiter nur so strotzt. Es ist mir aber kaum gelungen, auch nur einen Bruchteil dessen, was der Buddha lehrte, wirklich umzusetzen. Sehr wohl ist es mir aber möglich, mich Kindern und Kollegen liebevoll zuzuwenden und Gespräche manchmal in einer Art und Weise zu führen, die ihnen und auch mir selbst zu einem besseren Verständnis im Sinne des *Dhammas* verhelfen. Dennoch: Die rechte Rede in der Schule erscheint mir immer wieder als die Kunst des Möglichen. Kannst du mir dazu bitte etwas sagen?
A: Dazu möchte ich erst einmal sagen, dass es mehr als ein Bruchteil dessen ist, was der Buddha gelehrt hat, was hier umgesetzt worden ist, wenn du dich Kindern und Kollegen liebevoll zuwenden kannst. Also der erste Teil stimmt nicht und ist selbsttadelnd, denn der zweite Teil zeigt ganz deutlich, dass die Jahre der Lehre und die Jahre der Übung wohl Resultate gebracht haben. Das bedeutet außerdem auch, dass die Kunst des Möglichen geübt wird.

Jetzt wäre vielleicht die Frage, die da auftaucht: Wie können wir das Mögliche und das Rechte noch erweitern und vergrößern? Dazu wäre vielleicht Folgendes zu sagen: Wenn es sich herausstellt, dass es unmöglich ist, die Unterhaltung in Bahnen zu lenken, die hilfreich sind, dann können wir immer den Raum verlassen, denn wir müssen nicht mitmachen. Das machen wir natürlich nicht mit Ärger und werfen auch nicht die Tür zu, sondern wir bleiben ganz liebevoll und nett und entschuldigen uns vielleicht sogar, dass wir den Raum verlassen. So werden wir dann nicht in den Strudel der eventuell unrechten Rede hineingezogen. Das ist eine Möglichkeit, die uns immer offen steht. Aber das erste ist natürlich, und das wurde auch hier angesprochen und gemacht, dass wir die Gespräche in andere Bahnen lenken. Das verlangt einige Geschicklichkeit, die wir erst nach einiger Zeit lernen. Vielleicht knüpfen wir sogar an das an, was gesprochen wird und drehen es um. Der Buddha hat es öfter so gemacht. Also wenn zum Beispiel jemand über andere Urteile abgibt, die vielleicht gar nicht passend sind oder sich sehr unangenehm anhören, dann könnten wir sagen, dass wir irgendwo gelesen haben, dass unsere Umwelt unser Spiegel sei und wir sie nicht als Fenster benutzen sollten. Wenn das zu deutlich ist, können wir versuchen, es etwas abzuschwächen, indem wir sagen, dass wir so etwas auch schon erlebt und wir dann nachher festgestellt haben, dass es ja eigentlich das widerspiegelt, was wir in uns selbst gefunden haben. Das kann dann schon besser akzeptiert werden, denn es sind unsere eigenen Erfahrungen. Das sind alles nur Möglichkeiten, die vielleicht benutzt werden können, aber jeder kann sich natürlich selbst etwas ausdenken. Die Gespräche ändern, an das anknüpfen, was gesprochen wird, und wenn das überhaupt nicht möglich ist, dann über etwas anderes sprechen. Es wird so viel geredet, es kommt auf irgendetwas anderes gar nicht mehr an. Das andere, was wir dann selbst natürlich mit Überlegung sagen, könnte eventuell zu einem guten Gespräch führen. Wir haben also auch diese Möglichkeit oder wir können den Raum verlassen. Es gibt Situationen, in denen wir effektiv nichts anderes mehr tun können, als den Raum zu verlassen, weil die Aufregung oder die Wogen so hochschlagen, dass es überhaupt keine Chance mehr gibt, sie noch zu besänftigen. Aus dem hier beschriebenen können wir auch wieder entnehmen, dass wir – wo immer wir sind, was immer wir machen –, wenn wir achtsam bleiben, uns selbst beobachten und uns an die Lehre erinnern können, es überall möglich ist, das *Dhamma* zu praktizieren.

F: Würde der Buddha eine heilsame künstlerische Arbeit im Gegensatz zu dem vorwiegend Negativen, was allgemein angeboten wird, nicht akzeptieren? Aus eigener Erfahrung weiß ich, dass vielen Menschen über die spirituelle Kunst als Brücke der Zugang zur Meditation erleichtert werden kann. Eine Klärung würde mich freuen.
A: In unserer heutigen Zeit haben wir Kunst und Kultur als Ersatz für Religion benutzt. Religion hat einen schlechten Ruf bekommen, teilweise zu Recht, und dann haben wir Kunst und Kultur benutzt. Der Buddha hat die schöpferischen Künste des Malens und der Bildhauerei nicht abgelehnt. Er lehnte es ab, auf der Bühne zu stehen und etwas darzustellen, was wir nicht sind. Wenn wir schöpferisch sein können, so wird das immer unterstützt. Schöpferisch sein hat er nie abgelehnt. Ich weiß nicht, was „spirituelle Kunst“ bedeutet und ich damit machen soll. Ein spiritueller Weg ist immer mit Läuterung verbunden, Läuterung von Herz und Geist.

Künstlerisch zu wirken, hat der Buddha nie abgelehnt, sondern nur, etwas darzustellen, was wir selbst nicht sind, und anderen etwas vorzugaukeln, was nicht existiert. Die Kunst wird also nicht grundsätzlich abgelehnt, sondern sie wird abgelehnt im Zusammenhang mit der Darstellung von Illusionen.

F: Wenn der Buddha Theater und Schauspiel ablehnte, sind dann nach buddhistischer Auffassung auch Sophokles oder Goethe, Shakespeare oder Mozart unrechtem Broterwerb nachgegangen, da sie Dramen oder Opern verfasst haben?
A: Nein, sie waren ja Schöpfer und sie haben ihre Ideen auf eine Basis gebracht, die sogar sehr häufig nicht nur dem Vergnügen diente, sondern sie hatten auch eine Moral dabei, eine Lernsituation. Das hätte der Buddha nie abgelehnt. Was er abgelehnt hat, war, dass sich jemand auf die Bühne stellt und etwas darstellt, was er nicht ist. Und wie wir anderen etwas vorspielen, was wir auch nicht sind. Wenn wir Schriftsteller sind – und Goethe und Shakespeare waren Schriftsteller – so versuchen wir, auf dieser Ebene etwas aus unserem Inneren zu schöpfen und in Worte zu kleiden, sodass andere vielleicht daran teilhaben können. Das Schöpferische hat er nicht abgelehnt.

F: Ich habe zwar größte Ängste, diese Frage zu stellen, aber ich möchte mich meiner Wirklichkeit stellen und sie begreifen. Ich habe mich in einen verheirateten Mann, der Kinder hat, verliebt und er sich in mich. Ich habe größte Probleme mit dieser Situation, versuche daraus zu flüchten, meine Gefühle zu leugnen, aber es gelingt

mir nicht. In mir ist ein Kampf um die Fragen: haben oder sein? Ich füge anderen Menschen Leid zu. Was bedeutet das für unser *Karma*? Warum habe ich nicht die Kraft zu gehen? Soll ich überhaupt gehen? Meine Fragen sind: Wie sieht der Buddhismus folgenden Umstand, der sich für mich nicht zusammenfügt? Es heißt, alles ist vergänglich, so auch die Zweierbeziehung. Wenn etwas zu Ende ist, ist es zu Ende. Ein Umstand, der auch ein Grund für die modernen Lebensabschnittbeziehungen sein könnte, obwohl ich das oft als Beziehungskonsum erlebe. Es gilt aber auch: Wir müssen loslassen können von egoistischen Standpunkten. Gerade die Auseinandersetzung mit einem Partner über Jahre und Jahrzehnte bietet doch hierzu eine gute Möglichkeit. Ist es dann nicht sinnvoll zu bleiben, zu durchleben, statt zu flüchten, wenn es schwer wird? Das Christentum und viele andere Religionen belegen Ehebruch mit höchster Schuld. Wie sieht der Buddhismus dies?
A: Das Wort Schuld gibt es nicht auf *Pāli*, und das Wort Buddhismus ist auch eine spätere Erfindung. Der Buddha hat das *Dhamma* gelehrt. Die dritte Tugendregel besagt: „Ich will mich darin üben, sexuelles Fehlverhalten zu vermeiden." Das bedeutet Treue, Verantwortlichkeit, Zugehörigkeit, durchstehen, erdulden. Natürlich ist alles vergänglich. Ich habe einmal in einer buddhistischen Zeitschrift als Rechtfertigung von ständig wechselnden sexuellen Beziehungen gelesen, dass ja alles vergänglich sei. Aber das ist ein heller Wahnsinn und darum handelt es sich überhaupt nicht. Die kleinste Einheit, in der Harmonie herrschen kann in dieser Welt, ist die Familie. Dass keine Harmonie herrscht, ist eine andere Frage. Die Gründe für Disharmonie in der Familie sind

Egoismus, Hass und Gier. Dieser Versuch, der hier auch angesprochen wird, diesen Egoismus loszulassen und sich mit dem Partner auf lange Sicht auseinanderzusetzen, ist eine Möglichkeit, seine Selbstbehauptung einmal zu verringern. Wenn Kinder im Haus sind, die der Familie bedürfen, so ist das auch ein Grund zu erdulden. Auf der anderen Seite wird auch oft gesagt, dass Paare nur wegen der Kinder zusammengeblieben sind. Auch das ist ein heller Wahnsinn! Dann fühlen sich nämlich die Kinder schuldig, weil die Eltern sich die ganze Zeit gestritten haben. Das ist auch nicht richtig.

Erdulden ist ganz etwas anderes, es bedeutet, die Negativitäten loszuwerden, und zwar in der unangenehmen Situation, in der wir uns befinden. Wir akzeptieren das Unangenehme und lassen die Reaktion fallen. Nur das macht es möglich, den Egoismus zu verkleinern. Es ist natürlich möglich, dass wir es nicht können, aber erst müssen wir einmal versuchen. Wir sollten nicht sofort die Flinte ins Korn werfen, wir müssen erst einmal probieren, wie weit wir diesen Weg der Ego-Verringerung, des Erduldens, der bedingungslosen Liebe ohne Erwartung gehen können. Wenn wir diesen Weg ausprobiert haben, die Resultate unheilsam sind und es nur Streit und Ärger gibt, dann ist das auch keine Situation, der wir nachtrauern sollten. Dann müssen wir vielleicht eines Tages zugeben, dass wir dieser Aufgabe nicht gewachsen sind. Es liegt nicht am Partner, weil der nicht liebenswert ist, denn im Prinzip sind wir alle gleich liebenswert oder nicht-liebenswert. Dann müssen wir eventuell aufgeben und zugeben, dass wir üben müssen.

Es handelt sich immer wieder um üben, um das Loslassen des Angenehmen, und das Üben des Loslassens des

Widerwillens und des Unangenehmen. Das sind alles nur persönliche Vorstellungen, die keine absolute Realität haben, sondern nur eine persönliche. Dann müssen wir akzeptieren, dass wir nicht können. Es ist immer mit vielen emotionalen Unannehmlichkeiten verbunden, wenn wir eine emotionale Beziehung eingehen mit jemandem, der an sich in einem Familienleben gebunden ist. Es ist eine Situation, der wir möglichst aus dem Weg gehen sollten, insofern, dass wir uns körperlich entfernen. Und dann sollten wir aber dieser verlorenen Gelegenheit nicht nachtrauern. Lieben kann jeder, wir müssen nur üben. Und nur einen Menschen zu lieben unter fünf Milliarden, ist sowieso heller Wahnsinn. Je mehr Menschen wir lieben, desto mehr Liebe tragen wir in uns. Und Liebe wird sowieso meistens falsch verstanden. Da sind sexuelle Anziehungskräfte, die natürlich auf der menschlichen Ebene stark sind. Es ist ja der Erhaltungstrieb der Spezies, obwohl wir es dafür nicht benutzen.

III
Erkennen, nicht tadeln – ändern

F: Wie soll ich mit Aggression umgehen? Ist es richtig, sie in mich hineinzufressen oder zu verdrängen?
A: Da das zwei Negativitäten sind, die hier angesprochen werden, so nehme ich an, dass du genau weißt, dass das nicht sinnvoll ist, aber wahrscheinlich kennst du auch keine Alternative. Der richtige Umgang lautet: Erkennen, nicht tadeln, ändern. Erkennen bedeutet zu wissen, dass wir Aggression in uns tragen. Dafür tadeln wir uns selbst jedoch nicht. Wenn wir nämlich die Aggression in uns schon erkannt haben und uns dann noch tadeln, so erleben wir doppeltes *Dukkha*, aber eins genügt schon. Ändern bedeutet zu ersetzen. Nach dem Buddha ersetzen wir mit dem Gegenteil. Verdrängen ist unterdrücken und nicht ersetzen. Wenn wir überhaupt nicht wissen, wie wir ersetzen sollen, so ist es immer noch besser, die Aggression zu verdrängen, als sich Feinde zu schaffen. Wenn wir jedoch die Aggression an jemandem auslassen, machen wir uns nicht nur Feinde, sondern wir lassen die Aggression in die Umwelt, das universelle Bewusstsein, fließen. Alle vorhandenen Aggressionen haben wir Menschen geschaffen – wer sonst? Es ist dringend an der Zeit zu erkennen, dass eine Änderung notwendig ist. Es sind bereits genügend Aggressionen im Umlauf, und jeder hat Zugang dazu, aber wir haben natürlich auch Zugang zum Gegenteil, das wir stattdessen in Umlauf setzen könnten.

Beim Ersetzen mit dem Gegenteil ist Folgendes noch wichtig zu erwähnen: Wenn wir einem Menschen gegenüber negativ empfinden, diesen beispielsweise nicht ausstehen können oder Widerwillen verspüren, so ist es nicht einfach, dies in Liebe und Mitgefühl zu verwandeln, ohne schon lange geübt zu haben. Trotzdem sollten wir es versuchen, auch wenn es uns wahrscheinlich schwer fällt. Je länger wir die Aggressionen mit uns herumtragen, desto tiefere Furchen graben sie in uns, die nur schwierig wieder auszugleichen sind. Deshalb ist es besser, die Negativität so schnell wie möglich loszulassen. Das Ersetzen mit dem Gegenteil braucht Übung, wenn wir jedoch nicht üben, dann wird es nie geschehen. Als Zwischenstufe können wir uns an etwas erinnern, das schön ist und wir lieben, wie eine Blumenwiese oder ein herrlicher Berggipfel oder ein entzückendes kleines Kind. Wenn sich der Geist wieder beruhigt und die Aggressionen und den Ärger losgelassen hat, können wir noch einmal versuchen, ihn zu ersetzen. Für die meisten Menschen ist es unmöglich, auf Anhieb mit dem Gegenteil zu ersetzen, selbst wenn sie den besten Willen dazu haben.

F: Und wohin soll ich mit meiner Aggression?
A: Am besten ist es, diese zu verwandeln. Die Welt ist voller Aggression, wir brauchen nicht noch mehr. In der westlichen Psychotherapie besteht sehr häufig die Ansicht, dass wir sie rauslassen müssten. Es gibt sogar schalldichte, mit Matratzen gepolsterte Räume, in denen wir schreien und toben können, und dann glauben wir, dass wir unsere Aggression los seien. Für diesen einen Tag sind wir sie wahrscheinlich los. Und was geschieht, wenn wieder jemand auf den Knopf drückt? Dann ist die

Aggression wieder da. Je mehr wir sie rauslassen und wir uns mit ihr abgeben, desto tiefer verwurzelt sind die negativen Gefühle. Alles, mit dem wir uns viel abgeben, tragen wir mit uns herum. Je schneller wir sie verwandeln, desto weniger können sie uns Leid verschaffen. Auf andere Menschen Aggressionen loszulassen, ist ein heller Wahnsinn und die Ursache aller Kriege. Wozu sollten wir noch mehr Kriege den schon vorhandenen hinzufügen? Gerade bei Aggression ist auch ein Hinterfragen hilfreich. Wir können uns fragen, wieso wir uns aggressiv fühlen. Im Allgemeinen fühlen wir uns aggressiv, weil wir uns gefährdet fühlen. Wenn wir uns gefährdet fühlen, können wir fragen, was uns passieren könnte. Was ist die Gefahr, die von diesem Menschen, gegen den wir Aggression empfinden, ausgeht? Je mehr wir das hinterfragen, desto klarer wird uns, dass die Ursache immer in der Ich-Bezogenheit liegt, denn alle Probleme sind auf ihr aufgebaut. Wenn wir das erkennen, haben wir einen großen Schritt in Richtung Einsicht getan, den wir im Allgemeinen nicht auf einmal vollziehen, sondern sukzessive in kleinen Schritten. Wir spüren, dass die Aggressivität uns selbst wehtut, wir damit nichts erreichen, dies nur zu Unglück führt und wir können uns vielleicht immer wieder befragen und untersuchen, bis wir tiefer gehen können. Dabei ist gerade das Hinterfragen sehr hilfreich, weil Aggression sehr schwierig zu verwandeln ist, besonders wenn sie stark und tief verwurzelt ist.

F: Wie überwinde ich Ärger und Ablehnung?
A: Mit ständiger Übung! Jeder Mensch erlebt Ärger und Ablehnung von morgens bis abends, mit einigen Ruhepausen zwischendurch. Die Übung besteht aus

dem Etikettieren unserer Gedanken und Gefühle sowie aus dem Ersetzen des Unheilsamen mit dem Heilsamen. Das Ersetzen lernen wir in der Meditation, indem wir die abschweifenden Gedanken mit der Achtsamkeit auf den Atem immer wieder ersetzen. Und genauso ersetzen wir immer wieder im täglichen Leben Unheilsames mit Heilsamem, denn wir wissen, dass Ärger und Ablehnung weder uns selbst noch einem anderen gut tun. Vielleicht können wir uns sogar eines Tages sagen, dass es unsinnig ist, uns selbst durch Ärger und Ablehnung zu schaden. Es gibt keinen guten Grund für die Tatsache, dass wir alle Ärger und Ablehnung in uns tragen. Also sollten wir ständig innerhalb und außerhalb der Meditation erkennen, etikettieren, benennen und ersetzen. In einem Meditationskurs können wir das außerhalb der Meditation üben, um für den Alltag besser gewappnet zu sein und um zu wissen, was wir zu tun haben, auch wenn es dann nicht immer funktioniert. Wir wissen, dass Ärger und Ablehnung unheilsam und Liebe, Mitgefühl und Hilfsbereitschaft heilsam sind. Wenn wir Ärger und Ablehnung ersetzen wollen, dann ist es vielleicht einfacher, mit Verzeihen und Mitgefühl zu ersetzen als mit Liebe. Aber die Hauptsache ist erkennen und benennen, nicht tadeln, sondern ändern. Und je mehr wir das üben, desto einfacher wird es mit der Zeit, sodass wir es eines Tages können.

F: Manchmal identifiziere ich mich so stark mit Gier und Ärger, dass es mir fast unmöglich erscheint, diese Gefühle durch etwas Heilsames zu ersetzen oder sie loszulassen. Wie kann ich mich von der intensiven Identifizierung lösen?
A: Auch das ist schon eine Einsicht zu merken, dass du

dich identifizierst. Wenn die Gier oder der Ärger schon so stark geworden sind, ist es sehr schwierig, sie noch objektiv zu behandeln. Dann bleibt einem kaum etwas anderes übrig, als geduldig zu warten, ohne etwas zu unternehmen, bis sie von selbst sich entweder vermindern oder verschwinden. Dann sollten wir einmal hinterfragen, wieso und worüber wir uns geärgert haben. Vielleicht hat jemand etwas gesagt und deshalb sind wir ärgerlich geworden sind. Die nächste Frage könnte lauten, wieso wir dem anderen nicht erlauben seine Meinung zu haben, auch wenn sie nicht mit unserer eigenen übereinstimmt. Wieso darf er nicht sagen, was er glaubt sagen zu müssen? Was hält uns davon ab, den anderen so zu akzeptieren, wie er gerade ist? Was hält uns davon ab, mit dem anderen Mitgefühl zu haben? Zu jeder Frage erhalten wir eine neue Antwort. Wenn Gier oder Ärger beim nächsten Mal wieder auftreten, ist es auf diese Art und Weise möglich, etwas mehr Distanz zu bewahren, weil wir schon gewisse Einsichten erlangt haben. Wenn die Gier oder der Ärger sehr stark sind, dann müssen wir im Allgemeinen abwarten, weil wir in dem Moment keinen Klarblick mehr haben. Haben wir ihn noch und sind noch nicht vollkommen von Ärger oder Gier durchdrungen, so können wir zu der Zeit diese Fragen stellen. Wir sollten uns auch immer wieder fragen, wieso wir uns selbst eigentlich unglücklich machen. Wenn wir uns immer wieder diese Frage stellen, so kommt eines Tages sicher die Erkenntnis, dass das unnötig ist, denn wir müssen uns nicht selbst unglücklich machen. Das ist schon eine wichtige Einsicht.

F: Wie kann ich die heftigen Emotionen der Eifersucht in heilsame verwandeln?
A: Das ist äußerst schwierig, denn es ist natürlich auch auf einer sexuellen Verbindung aufgebaut, sonst kommt ja keine Eifersucht zustande. Wie du das in eine heilsame Emotion verwandeln kannst? Das ist möglich, aber es braucht Arbeit und du musst gewillt sein, diese zu leisten. Nichts ist unangenehmer, als dieses Gefühl in sich zu tragen. Es ist mit Hass und Gier verbunden. Es ist schon schlimm genug, Hass oder Gier in sich zu spüren, aber es ist entsetzlich unangenehm, beides zu fühlen. Wir hassen die Situation so, wie sie ist, und hegen die Gier danach, dass sie anders wäre. Um daran zu arbeiten, können wir uns selbst befragen, was uns eigentlich so aufregt. Was wollen wir bekommen, was wir in dem Moment nicht haben? Müssen wir das haben, um glücklich zu sein? Bedeutet es unser wirkliches, wahres Glück, oder haben wir in dieser Situation bereits erkannt, dass unser wahres Glück ja doch woanders liegen müsse, auch wenn wir noch nicht entdeckt haben, wo es zu finden ist? Diese unangenehmen Gefühle, die wir in dem Moment verspüren, können wohl nicht mit wahrem Glück zusammenhängen! Und in dieser Situation, durch die die Eifersucht entstanden ist, liegt sicher auch nicht unser wahres Glück. Im Allgemeinen kommt im Geist des Eifersüchtigen ein Gefühl des Misstrauens hoch, selbst wenn sich die Situation wieder harmonisieren sollte. Und so können wir einmal untersuchen, worin eigentlich unser wirkliches Glück besteht. Jede Antwort darauf ergibt eine neue Frage. Und vielleicht kommen wir dadurch auch zu der Erkenntnis, dass es unsinnig ist, uns selbst unglücklich zu machen und eventuell

können wir akzeptieren, wie es ist. Dieses *Dukkha* ist ein erstklassiges Beispiel für die erste und zweite Edle Wahrheit. Die erste besagt, dass *Dukkha* ist, und die zweite, dass Leiden nur einen Grund hat und der ist Begierde. Wir wollen die Dinge anders haben, als sie sind. Und das kann derjenige, der mit dieser Eifersucht behaftet ist, sofort untersuchen. Dazu empfehle ich die folgende Methode, die jeder ausprobieren sollte, der gerade unter etwas leidet. Wir können für einen Moment, eine Sekunde nur, den Wunsch fallen lassen, dass die Situation anders wäre, als sie ist. In dieser einen Sekunde akzeptieren wir die Dinge genau so, wie sie sind. Und dann ist das ganze *Dukkha* weg! Natürlich können wir dann diese Geschichte gleich wieder hervorholen und mit unserem *Dukkha* weitermachen, was in diesem Fall wahrscheinlich zutrifft, weil diese Situation natürlich nicht so einfach zu lösen ist. Aber damit haben wir wenigstes einmal ein wirkliches Erlebnis, was es bedeutet, Begierde loszulassen. Denn das Wollen, dass die Situation anders sei, ist bei Eifersucht besonders stark. Einmal fallen lassen; es ist in Ordnung. Alles ist gut, nichts stört mehr. In der nächsten Sekunde stört es natürlich wieder. Eifersucht in Heilsames zu verwandeln benötigt eine Einsicht in die eigenen Motivationen. Das ist ein Prozess, der sich vielleicht über Tage, Wochen oder Monate hinziehen kann. Aber wenn wir wirklich daran arbeiten, können wir das auf eine sehr gute Art und Weise erledigen. Ist dieser Untersuchungsprozess abgeschlossen, können wir dem Verursacher dieser Situation sehr dankbar sein für die enorme Lernsituation, die wir dadurch erlebt haben. Aber das ist das Ende und nicht der Anfang.

F: Erkläre bitte noch einmal, wie ich meine Angst untersuchen soll und welche Schritte nötig sind.
A: Zuerst sollten wir untersuchen, wovor wir eigentlich Angst haben. Die Antwort darauf verwenden wir als neue Frage. Vielleicht haben wir Angst, unseren Beruf nicht gut genug auszuüben oder die Meditation nie zu erlernen oder von unserem Freund oder Freundin verlassen zu werden. Wenn wir die Ursache der Angst gefunden haben, dann fragen wir weiter, wieso wir davor Angst haben. Könnten wir dann ohne dies nicht weiterleben? Wenn wir immer weiter fragen, so wird sich allmählich herauskristallisieren, dass es die Angst vor dem Tod, vor der Vernichtung ist. Und hier wird es interessant. Angst vor dem Tod zu haben, heißt nämlich, dass wir die Naturgesetze nicht akzeptieren. Jeder Mensch, der je gelebt hatte, musste sterben. Das heißt also, wenn wir diese Ängste untersuchen und dann dazu kommen, dass es die Angst vor der Vernichtung ist, können wir uns mit dem eigenen Tod beschäftigen. Damit müssen wir nämlich nicht warten, bis wir auf dem Totenbett liegen. Die meisten Menschen wollen davon jedoch nichts wissen, was nur Vogel-Strauß-Politik ist, mit der wir uns übrigens viel abgeben. Wenn wir uns mit dem eigenen Tod auseinander setzen und ihn akzeptieren, dann verlieren wir die Angst und wir können ruhiger leben. Erst wenn wir unseren Tod so akzeptieren, dass er überhaupt keine Bedrohung mehr darstellt, können wir anfangen zu leben. Und bis dahin existiert Angst, in allen Formen.

F: Die Kontemplation über Krankheit ruft bei mir immer die Angst hervor, krebskrank zu werden. Dann sage ich mir zwar, dass ich ja an irgendetwas sterben müsse, aber es geht dann ein Teufelskreis im Kopf herum wie Zwangsgedanken. Wenn ich so etwas häufig denke, wird es auch Realität. Und das ruft dann wieder Angst hervor. Was kann ich tun?

A: Die eigene Angst zu erkennen, ist sehr wertvoll. Es gibt keinen unerleuchteten Menschen der keine Existenzangst hat. Es ist die Angst davor, nicht mehr zu sein oder nicht mehr so unterstützt zu werden, wie wir es gerne hätten. Deshalb ist es eine hilfreiche Kontemplation, diese Angst zu untersuchen. Wovor haben wir Angst? Wahrscheinlich lautet die Antwort, dass wir Angst vor Schmerzen haben. Dann fragen wir uns, wieso wir Angst vor Schmerzen haben. Eventuell kommt als Antwort, dass wir das nicht aushalten könnten. Weiter könnten wir uns fragen, ob wir schon einmal Schmerzen gehabt haben und wie das war. Oder haben wir Angst vor dem Tod? Wieso? Was ist das am meisten Angst erregende? Je mehr wir nachfragen, desto eher werden wir zu der Erkenntnis gelangen, dass die Angst auf nichts anderem beruht, als persönlich nicht mehr vorhanden zu sein. Es ist jedoch für jeden garantiert, dass er eines Tages nicht mehr vorhanden sein wird. Wieso sollten wir uns gegen dieses Naturgesetz auflehnen? Wir haben sowieso mit den Naturgesetzen so viele Schwierigkeiten, verstoßen andauernd gegen sie und machen daher unsere Umwelt immer schwieriger für uns. Hier können wir einmal erleben, wie wir uns das Leben schwer machen, wenn wir die Naturgesetze nicht akzeptieren wollen, weil wir Angst haben. Es ist eine ganz wichtige Kontemplation, die Angst zu untersuchen. Und die Ursache der Angst zu erkennen, ist schon ein Schritt in Richtung Einsicht.

F: Ich habe ein Problem mit „erkennen, nicht tadeln, ändern". Was tue ich mit dem Gefühl der Wut? Wenn ich das in Mitgefühl mit diesem Menschen, auf den ich wütend bin, verwandele, so ist das nicht immer ehrlich. Ist es vielleicht nicht manchmal ratsam, das Gefühl, was ist und das ich bin, auszuleben?

A: Das „ich" ist das Erkennen. Das Erkennen der Wut ist: Ich bin wütend. Die Wut dann auszuleben, bedeutet, tiefe Furchen von Wut in sich zu graben. Das ist westliche Therapie, bei der wir in schalldichten Zimmern, die mit Matratzen, auch an den Wänden, ausgelegt sind, unserer Wut Ausdruck geben und mit den Fäusten auf die Matratzen schlagen und schreien sollen und was immer. Das lässt zwar die Wut momentan heraus, aber schützt uns nicht davor, dass die Wut nicht wiederkommt. Im Gegenteil, je öfter wir unserer Wut Ausdruck geben, desto tiefer gräbt sie sich in uns ein und desto öfter werden wir ihr Sklave. Vielleicht ist die Wut so stark, dass wir sie nicht mehr mit Mitgefühl ersetzen können, denn Wut ist ja schon ein sehr starkes Gefühl und viel stärker als Ärger. Hierbei ist es wichtig zu erkennen, dass wir nur uns selbst schaden, wenn wir unsere Wut ausleben. Wütend zu sein hat noch nie jemanden glücklich gemacht, obwohl es sicher schon jeder probiert hat. Wenn wir uns selbst lieben und unser eigener bester Freund sein wollen, muss uns klar sein, dass es nicht sinnvoll ist, uns selbst unglücklich zu machen. Wenn wir erkannt haben, dass Wut in uns vorhanden ist, dann müssen wir uns nicht dafür tadeln. Vielleicht können wir in dem Moment auch nicht ersetzen, aber wir können uns ablenken und den Geist in eine andere Richtung bringen, sodass die Wut nicht mehr das Ausschlag gebende ist.

F: Ist es nicht besser, die Wut auszuleben, statt sie durch eine andere Emotion zu ersetzen? Denn jemanden, auf den ich wütend bin, möchte ich doch gar nicht lieben.
A: Ja, das ist allerdings der Jammer der Welt und deshalb sieht unsere Welt so aus, wie sie aussieht. Was ist dazu zu sagen? Aus Wut kann Krieg entstehen. Und wer möchte tatsächlich Krieg? Der Buddha hat gesagt, dass Ärger so sei, als ob wir glühende Kohlen mit der nackten Hand aufheben und versuchen, sie auf jemand anderen zu werfen. Wer verbrennt sich zuerst? Und Wut ist ja noch stärker als Ärger.

F: Manchmal habe ich das verrückte Gefühl, dass gerade auch eine so genannte unheilsame Emotion, zum Beispiel Wut, mir zur heilsamen werden kann. Da sie mich aus einer unheilsamen Lethargie oder Trauer reißt und mir zur notwendigen Power verhilft. Aber dann kommt gleich das Erkennen der Wut und die Power ist dahin. Was soll ich tun?
A: Unheilsame Emotionen können sich heilsam auswirken, indem wir nämlich erstens einmal erkennen, wie sehr wir uns selbst damit schaden, und dann eine viel größere Anstrengung unternehmen, sie mit etwas Heilsamem zu ersetzen. Das ist hier der Fall. Die Wut ist sehr unangenehm und daher kommt viel Willenskraft daher, um sie zu ersetzen. Wieso diese Willenskraft, die hier mit Power bezeichnet wird, dann verloren geht, ist unklar. Die Willenskraft des Ersetzens sollte bestehen bleiben, wenn wir erkannt haben, dass zum Beispiel Wut uns nicht gut tut. Das heißt also, dass die unheilsame Emotion sehr häufig der Auftakt zu einem einsichtsvollen und heilsamen Handeln, auch in Gedanken sein kann.

F: Wut gibt auch Mut und Kraft. Ist das nicht heilsam? Wenn ich zum Beispiel über mich wütend bin, weil ich zu faul bin zu meditieren, gibt mir die Wut vielleicht die Power dazu.
A: Möglich, aber die Mittel sind keine Entschuldigung, denn auch die Mittel müssen heilsam sein. Es gibt besseres als Wut, um sich zum Meditieren aufzuraffen. Wenn wir uns außerdem wütend hinsetzen, können wir garantiert nicht meditieren. Und es ist anzunehmen, dass das auch nicht geschehen ist, denn sonst würde dieser abwegige Gedanke nicht im Geist hochkommen. Jemandem, der wirklich meditiert, kann so etwas gar nicht einfallen. Das Mittel muss genauso heilsam sein wie der Zweck, den wir erfüllen wollen. Ein unheilsames Mittel hat noch niemals einen heilsamen Zweck erfüllt. Außerdem machen wir mit Wut schlechtes *Karma*, ganz egal worüber wir wütend sind, sodass die Meditation auch aus diesem Grund nicht funktioniert.

F: Ich habe oft fürchterliche Wut im Bauch, was ein eher unangenehmes Gefühl ist. Verschwindet das durch regelmäßige Meditation?
A: Regelmäßige Meditation muss Einsicht bringen, sonst wird sich da gar nichts ändern. Aber zwei Dinge arbeiten dieser Wut entgegen und beide haben mit Meditation zu tun. Zum einen solltest du tagsüber so oft wie möglich Liebende-Güte-Meditation praktizieren und dabei die Gedanken nicht auf schwierige Menschen richten, sondern auf diejenigen, bei denen dir die Liebende-Güte-Meditation leicht fällt und ein echtes Gefühl hervorgerufen wird. Wenn die Meditation eines Tages konzentriert wird

und in die Vertiefungen geht, dann sind zum anderen der erste Schritt und das erste Erlebnis in der ersten Vertiefung – das entzückende Gefühl – ein Gegenmittel gegen Ärger. Das ist ein sehr effektives Gegenmittel, aber wir müssen erst einmal bis dahin kommen. Wenn wir konsequent und geduldig regelmäßig meditieren und immer weitermachen damit, so kommen wir eines Tages dorthin. Solange das noch nicht der Fall ist, hilft am besten die Liebende-Güte-Meditation. Dazu kommt noch, dass jeder Mensch, dem wir begegnen, ein Übungsfeld ist. Ob wir mit ihm sprechen oder nicht, spielt keine Rolle, im Gegenteil, es ist sogar einfacher, wenn wir nicht mit ihm reden. Dieses Übungsfeld heißt: Können wir diesen Menschen lieben? Im Allgemeinen wird die Antwort „nein" lauten, weil dieser Mensch völlig uninteressant ist und wir nichts mit ihm zu tun haben wollen. Dann versuchen wir es beim Nächsten wieder und probieren immer wieder, bis wir eines Tages auch die Menschen lieben können, die genau das sagen, was wir nicht hören wollen.

F: Was sind geistige Schwierigkeiten? Sind damit Begierde und Hass gemeint?
A: Unter geistigen Schwierigkeiten verstehen wir alles, was uns unglücklich macht, uns betrübt, uns aufregt, uns Unruhe bringt, und womit wir andere betrüben. Gier, Hass und Verblendung sind die drei unheilsamen Wurzeln, mit denen jeder Mensch auf die Welt kommt. Sonst wäre er nämlich nicht hier geboren worden. Wir haben aber auch drei heilsame Wurzeln, die das Gegenteil davon sind: Gebefreudigkeit, Liebe und Weisheit. Es liegt an jedem persönlich, wie weit wir die heilsa-

men Wurzeln fördern, kultivieren, immer wieder zum Ausdruck bringen und die unheilsamen ersetzen. Die geistigen Schwierigkeiten können wir auch mit den fünf Hindernissen beschreiben, die wie folgt lauten: Begierde für sinnliche Befriedigung, Übelwollen, Lässigkeit und Trägheit des Geistes, Unruhe und Rastlosigkeit, Zweifelsucht und skeptischer Zweifel. Diese fünf wurden vom Buddha als unsere Hindernisse benannt.

F: Manchmal fällt es mir schwer, zwischen Gewissen, Gewissensbissen und Schuldgefühlen, die zu Negativität führen, zu unterscheiden. Kannst du den Unterschied klarer machen zwischen Gewissen und Schuld? Weißt du andere Gegenmittel zur Schuld als ersetzen, zum Beispiel mit liebender Güte?
A: Gewissen und Gewissensbisse sind nicht dasselbe. Zunächst einmal sollten wir auf unser eigenes Gewissen hören, und zwar jetzt in diesem Moment. Wir können auch mit der Wissensklarheit der Buddhalehre prüfen, ob das eigene Gewissen und die Buddhalehre übereinstimmen. Wenn es sich so verhält, dann können wir uns darauf verlassen. Gewissensbisse führen zu Schuldgefühlen. Dann glauben wir meistens, in der Vergangenheit einen Fehler begangen zu haben. Hierbei ist es von großer Wichtigkeit, die Vergänglichkeit zu betrachten, was wir ja sowieso machen, wenn wir uns mit der Buddhalehre eingehender beschäftigen. Dann wissen wir, dass derjenige, der den Fehler begangen hat, nicht derselbe ist, der das heute erkennt. Er ist unmöglich derselbe Mensch, da sich alles – auch jeder Mensch – von Moment zu Moment verändert. Das Erkennen, einen Fehler gemacht zu haben, können wir dazu benutzen, denselben Fehler

nicht zu wiederholen. Oft begehen wir denselben Fehler mehr als einmal, bis wir dies erkennen. Derjenige, der in der Vergangenheit Fehler gemacht hat, ist ein Mensch, der nicht mehr existiert, nur die *Karma*-Resultate existieren noch. Dazu empfehle ich immer wieder, sich alte Fotoalben anzuschauen und zu sehen, dass derjenige, der diese Fehler gemacht hat, sogar anders aussah, und ebenso anders gedacht und gefühlt hat. Demjenigen, dem diese Fehler in der Vergangenheit passiert sind, sollten wir verzeihen. Derjenige, den wir jetzt in dieser Sekunde erleben, ist der Einzige, den wir erleben und mit dem wir leben können. Und so sind Schuldgefühle oder Gewissensbisse niemals angebracht.

In der Buddhalehre gibt es weder Schuld noch Sühne, sondern lediglich das Naturgesetz von Ursache und Wirkung. Haben wir uns irgendwelcher Vergehen schuldig gemacht, dann werden wir deren Wirkung ernten. Deshalb müssen wir uns nicht noch zusätzlich selbst verurteilen. Haben wir daraus gelernt, so hat es seinen Zweck erfüllt. Haben wir nicht daraus gelernt, dann werden wir wohl denselben Fehler wiederholen und beim nächsten Mal vielleicht daraus lernen. Schlechte *Karma*-Resultate müssen wir nicht noch verstärken, indem wir uns verurteilen, beurteilen, ärgern, Schuldgefühle oder Gewissensbisse haben. Die Schuld, wenn wir es so nennen wollen, die wir auf uns geladen haben, zeitigt ihre Wirkung. Wenn wir den Fehler nicht wiederholen, so werden unsere *Karma*-Resultate immer besser und die Schwierigkeiten im Leben sind auch nicht mehr ganz so stark. Gewissen ist also das, worauf wir hören sollten und was in uns spricht. Und Schuld ist ein negatives Beurteilen und Verurteilen unserer selbst, weil wir glauben, dass wir derselbe sind, der in der Vergangenheit vielleicht etwas Schlechtes getan hat.

F: Was ist der Unterschied zwischen Schuld und schlechtem *Karma*?
A: Schlechtes *Karma* ist Ursache und Wirkung und keine Bestrafung. Es ist ein unpersönliches Geschehen und wirkt sich natürlich aus, aber es hat nichts mit Schuld und Sühne zu tun. Schuld und Sühne hört sich wie Bestrafung an und es entstehen dann Schuldgefühle. Das ist auch eine westliche Art und Weise, das zu betrachten. Das liegt an den Hintergründen, vor denen wir aufwachsen. Diese Art Schwierigkeit würde nie in einem buddhistischen Land aufkommen. Dort wird nie daran gedacht, dass es Schuld und Sühne gibt. Alles ist Ursache und Wirkung. Und wenn wir uns von unheilsamen Ursachen fernhalten, nämlich kein schlechtes *Karma* machen, dann erfahren wir keine unheilsamen Wirkungen. Es ist nichts anderes als ein vernünftiger Schutz für uns selbst. Wir verletzen ja auch nicht absichtlich unseren Körper. Wieso sollten wir absichtlich unseren Geist verletzen?

F: Wenn ich Frieden verspüre, ist es wunderbar. Aber mehrmals kommt direkt im Anschluss ein Tränenstrom von Reue, gemischt mit Vorwürfen, dass ich nicht vorher schon so empfinden konnte, dass ich es mir so schwer gemacht habe mit meinem Ego. Sagtest du nicht, dass die Reue uns im Weg steht? Aber ist sie nicht auch wichtig oder ist es Unsinn?
A: Die Tränen kommen aus Reue, weil du dir das Leben so schwer gemacht hast? Und was machst du jetzt? Du

machst dir das Leben immer noch schwer! Stattdessen könntest du dankbar sein, dass es möglich ist, den Frieden in dir zu erleben, entweder kurz- oder längerfristig. Reue ist negativ und macht den Weg nur noch schwerer und wir machen uns selbst das Leben damit schwer. Ein Mensch, der immer gesund war, empfindet im Allgemeinen keine Dankbarkeit für seine Gesundheit. Aber jemand, der krank war und dann wieder gesund wurde, weiß sehr häufig, dass er sehr dankbar sein kann, sich wieder gut zu fühlen. Gerade diesen Unterschied zu erkennen, ist eine bedeutsame Möglichkeit, Dankbarkeit zu empfinden. Und je mehr Dankbarkeit wir empfinden, desto leichter ist es zu meditieren. Reue ist kein gutes Mittel, um den Läuterungsprozess zu gehen, sondern Dankbarkeit ist ein gutes Mittel.

F: Könntest du bitte Scham oder sich schämen erläutern? Wie schämt man sich, ohne sich zu verurteilen? Was ist anders als das reine Erkennen der Rücksichtslosigkeit beispielsweise?
A: Gar nichts ist anders, denn es handelt sich um das reine Erkennen der Scham. Erst beim nächsten Schritt kommt dann das Verurteilen ins Spiel. Wenn wir uns schämen, etwas Schlechtes zu tun, so lassen wir unser Gewissen sprechen. Wenn wir uns verurteilen, dann ist schon etwas Schlechtes geschehen und statt sich an die *Karma*lehre des Buddhas zu erinnern, bekommen wir Gewissensbisse und fühlen uns schuldig. Scheuen wir uns jedoch aus Scham, etwas Schlechtes zu tun, dann haben wir es ja noch gar nicht getan. Wahrscheinlich wurde hier das Wort Scham mit Schuld verwechselt. Scham bedeutet, sich seinem Gewissen hinzugeben und

nichts Unrechtes tun zu wollen, sodass von verurteilen überhaupt nicht die Rede sein kann. Das Erkennen der Scham ist sehr hilfreich. Es ist ebenso ein Hilfsmittel wie das Hören auf das eigene Gewissen und das Erkennen der Rücksichtslosigkeit. Es ist nicht nötig, Schuldgefühle zu bekommen, es ist nur nötig, zu erkennen, nicht zu tadeln, und dann zu ändern.

F: Ich gehöre schon gut zum Mittelalter, habe also erst spät den spirituellen Pfad entdeckt. Doch wie verhält es sich nun mit meinem *Karma*? Werde ich dafür bestraft, weil ich die Regeln vorher nicht kannte und somit sorgloser mit der Achtsamkeit war?
A: Es gibt in der buddhistischen Lehre keine Schuld, Sühne oder Strafen, sondern es gibt nur gutes und schlechtes *Karma* und dessen Resultate. An sich ist *Karma* die Absicht und die Resultate heißen „*vipāka*", aber es hat sich nun einmal so im westlichen Sprachgebrauch eingebürgert, dass wir beides *Karma* nennen. Wir sollten jetzt dabei bleiben, sonst wird es noch komplizierter, als es anscheinend sowieso schon ist. Wir werden nicht bestraft, sondern wir erhalten nur die Wirkungen von den Ursachen, die wir selbst in die Wege geleitet haben. Ob wir nun die Lehre des Buddhas gekannt haben oder nicht, hat damit überhaupt nichts zu tun. Wenn wir mit dem Auto durch ein Dorf fahren, in dem eine Radarkontrolle steht, und wir diese nicht sehen und weiter mit 80 oder 90 Stundenkilometern fahren, dann interessiert es die Polizei überhaupt nicht, ob wir die Regeln gekannt haben oder nicht, sondern sie schickt uns den entsprechenden Strafzettel ins Haus. Und genauso verhält es sich auch hier. Was immer wir zu bezahlen haben, müssen wir be-

zahlen. Das heißt, dass an dem *Karma*, das wir bereits gemacht haben, nichts mehr zu ändern ist. Das Einzige, das wir tun können, ist im „Jetzt“ und von heute an zu üben. Dabei kommt es nicht so sehr auf das Alter an, sondern mehr auf die Hingabe.

F: Ist Hass Egobestätigung? Oder hasse ich, um das Ego zu bestätigen als eine Art Notwehrreaktion des Egos, um seiner Verkleinerung entgegenzuwirken?
A: Gier, Hass und Verblendung sind die drei unheilsamen Wurzeln, mit denen wir schon auf die Welt kommen. Jeder, der einmal ein Kleinkind beobachtet hat, ohne sich darin zu verlieren, wie süß und niedlich es aussieht, sondern es einfach nur wertfrei beobachtet, weiß, dass es schreit, weil es die Dinge bekommt, die es nicht haben will, oder die Dinge, die es haben will, nicht bekommt. Wir werden mit diesen Wurzeln geboren. Die Verblendung bedeutet, dass wir nur aus dem Grund geboren werden können, weil wir an ein „Ich“ in uns glauben. Wir glauben, dass da jemand sei. Dieser jemand soll weiter bestehen und wiederkommen. Das ist also das Fundament für Gier und Hass. Somit ist das Ego der einzige Grund für jeglichen Hass. Es stimmt, dass der Hass häufig dadurch ausgelöst wird, weil sich das Ego sozusagen auf den Schlips getreten fühlt. Und je länger der Schlips ist, desto leichter treten andere darauf.

F: Gestern habe ich erkannt, wie ich durch meine Abneigung und meinen Hass genau die Konstellation an mich knüpfe, die ich doch eigentlich loswerden will. Welch ein Schock! Und was für eine gute Einsicht! Und nicht genug damit, dass ich bereits unzählige Abneigungen habe,

täglich kommen neue Abneigungsfäden hinzu. Selbst in einer so reizarmen Umgebung wie hier im Kurs. Wie kann ich damit jemals zu einem Ende kommen?
A: Es ist nicht die richtige Herangehensweise, sich darüber den Kopf zu zerbrechen, wie du damit jemals zu einem Ende kommst. Da wirst du vielleicht etwas hoffnungslos, wenn du das merkst. Das Wichtige dabei ist erst einmal die Erkenntnis, dass wir durch den eigenen Hass und die eigene Abneigung all' das an uns ziehen, was wir eigentlich gar nicht haben wollen. Dadurch fühlen wir uns mehr und mehr geneigt fallen zu lassen und zu ersetzen oder aber den Geist in eine andere Richtung zu lenken, was wir allerdings immer wieder von Neuem tun müssen. Dazu wäre noch zu sagen, dass der Geist, der fallen lässt, ersetzt oder sich so schnell wie möglich in andere Richtungen begibt, anstatt sich erst lange mit Negativitäten in sich abzugeben, allmählich weniger und weniger in diese Hass- und Abneigungsfurchen fallen wird und daher von Natur aus und selbstverständlich positiver wird. Es ist einfach eine Arbeit, die zu leisten ist. Es ist, als ob wir einen sehr großen Garten umgraben müssten. Wir müssen einfach beginnen, anstatt uns zu fragen, wie wir jemals damit fertig werden sollen. Eine Reise von tausend Meilen beginnt mit dem ersten Schritt.

F: Ich habe Angst, meine Feindseligkeiten und meinen Groll zu verlieren. Denn ich glaube, dass ich, wenn ich das tue, verletzlicher werde und die anderen mich gar nicht für voll nehmen und mich überrennen. Dann fühle ich mich doch auch nicht gut, wenn ich nicht für mich sorge und nicht sage, was ich nicht mag und was mich verletzt. Kannst du bitte etwas dazu sagen?

A: Feindseligkeiten und Groll zu verlieren, bedeutet die Läuterung des Herzens. Wenn jemand voll Liebe und Mitgefühl ist, so ist es sehr schwer, diesen Menschen nicht für voll zu nehmen. Bei einem Menschen, der andauernd seine eigenen Interessen vertritt, ist es ganz einfach, ihn nicht für voll zu nehmen, weil wir an ihm nicht interessiert sind. Der andere will ja seine eigenen Interessen vertreten. Aber jemand, der mit Liebe und Mitgefühl seinen Mitmenschen gegenüber tritt, ist ganz einfach für voll zu nehmen, denn danach sehnt sich jeder und es ist genau das, was jeder gerne erleben möchte. Ich würde sagen: Nicht so viel denken, sondern üben. Das sind Gedanken und Versuche eines logischen Verständnisses und hat überhaupt nichts mit der Herzenssprache zu tun. Anstatt so viel zu denken, sollten wir dem Geist ein wenig Ruhe gönnen, denn das hat er bestimmt gerne.

F: Muss ich außerdem auch noch die persönlichen Themen bedenken, die sich in diesem Leben stellen, oder sind es einfach Variationen, bei denen es vor allem auf die Erkenntnisse der zu Grunde liegenden Daseinsfaktoren ankommt? So hoffnungslos es auch aussieht, ich bin dankbar für die Möglichkeit, zu solchen Erkenntnissen zu gelangen.
A: Es sieht überhaupt nicht hoffnungslos aus. Diesen negativen Gedanken würde ich sofort fallen lassen. Es ist sehr hoffnungsfreudig, denn es ist ja eine große Erkenntnis. Sich mit den persönlichen Themen zu beschäftigen, ist nicht sehr hilfreich, sondern wir beschäftigen uns besser mit universellen Themen. Und das sind die drei Daseinsmerkmale. Wenn wir uns zum

Beispiel in einer Kontemplation auf ein persönliches Thema konzentrieren, so können wir ganz sicher sein, dass der Nachbar dieses Problem bestimmt nicht hat. Wenn wir aber die Vergänglichkeit kontemplieren, so können wir ganz sicher sein, dass der Nachbar genau derselben Vergänglichkeit unterliegt wie wir selbst. Der Buddha hat schon gesagt: „Das ganze Universum liegt in diesem klafterlangen Körper und Geist." Wenn wir das erkennen sowie die drei Daseinsmerkmale, dann erkennen wir alles. Es ist der bessere Weg, universelle Dinge zu betrachten.

F: Wie kann ich überprüfen, ob der Wunsch, das Gute hervorbringen zu wollen, selbstloser ist als vieles andere? Wie kann ich wissen, ob ich damit nicht scheinheilig bin?
A: Scheinheiligkeit bedeutet, etwas vorzutäuschen, was wir weder denken, fühlen, sagen oder tun. Aber zu versuchen das Gute hervorzubringen, hat auf jeden Fall gute Resultate. Selbstlos ist es erst, wenn wir das Selbst losgeworden sind, worin ja das Ziel dieses Weges besteht. Aber selbstlos ist niemand, der das Selbst noch in sich spürt. Solange wir das „Ich" in uns spüren, können wir nicht selbstlos sein, aber wir können das Gute hervorbringen.

F: Schon seit langem tauchen bei mir fast täglich, mehrmals und ganz plötzlich, selbstzerstörerische Gedanken auf, beispielsweise wie sehr ich mich hasse oder dass ich mich umbringe. Da sie so plötzlich und ohne Vorankündigung auftauchen, kann ich sie noch nicht vermeiden. Weißt du vielleicht eine hilfreiche Übung, wie ich diese unheilsame Gewohnheit ablegen kann?

A: Die hilfreichste Übung dabei ist es, die Gemütsstimmung, die diesem Gedanken vorausgeht, zu erkennen. Denn diese Gedanken kommen nicht ganz plötzlich, sondern sie sind eine Reaktion auf eine negative Gemütsstimmung, die im Allgemeinen Gewohnheit ist. Dieser auf die Schliche zu kommen, kann sehr hilfreich sein. Denn wenn die Gemütsstimmung erkannt wird, braucht sie gar nicht erst in solche Gedanken auszuarten. Das ist eine Möglichkeit. Das andere ist, mehrmals am Tag besonders hier im Meditationskurs, Liebende-Güte-Meditation zu üben. In welcher Art und Weise ist unwichtig, und zwar vor allen Dingen für sich selbst. Hierbei können wir uns vielleicht einmal an alles Gute erinnern, was wir in diesem Leben schon gemacht haben, damit sich diese Gewohnheit nicht weiter festsetzen kann.

F: Auf einer deiner Kassetten sagst du, dass es auf Hass basiert sei, wenn man sich Sorgen um jemanden macht. Ich mache mir ziemlich viele Sorgen um meine schwer erkrankte Mutter. Wie gehe ich mit Sorgen um jemanden neben dem Mitgefühl für ihn um? Wie erklärt sich der Hass im Zusammenhang damit?
A: Wir hassen die Situation, weil wir Angst vor dem Verlust des Menschen haben. Das heißt also, dass wir dann auch in der Situation, in der wir uns befinden, in der wir einem Kranken oder auch einem Sterbenden helfen könnten, nicht mehr hilfreich sind, weil wir ja selbst von unserer eigenen Angst so eingenommen sind, dass wir uns nicht mehr voll hingeben können. Wo Geburt ist, sind Krankheit und Tod. Bevor der Buddha erleuchtet wurde, die Welt verließ und in den Wald ging, um die Antwort auf das menschliche Dilemma zu finden, begegnete er den

vier so genannten Götterboten. Die ersten drei waren ein alter Mensch, ein kranker Mensch und ein Toter, der von seinen Verwandten beweint wurde und auf dem Weg zur Verbrennung war. Alter, Krankheit und Tod – ein Teil des menschlichen Lebens. Es hilft niemandem, wenn wir uns darum Sorgen machen, weder demjenigen, der sich die Sorgen macht, noch demjenigen, um den wir uns sorgen. Das einzig Hilfreiche ist es, diesen Menschen, dem wir vielleicht gerne helfen möchten, so liebevoll wie möglich zu umsorgen. Das heißt also, dass wir fürsorglich sind, uns aber keine Sorgen machen. Der vierte Bote war ein Wanderasket mit friedvollem Gesichtsausdruck, der den Buddha dazu bewog, in die Hauslosigkeit zu gehen.

F: Wie ist es mit dem Gefühl der Trauer – womit soll ich dies ersetzen? Was ist, wenn sie da ist, ich sie aber nicht zulassen kann und sie mir innerlich schadet?
A: Wenn du sie nicht zulassen kannst, dann kannst du sie weder ersetzen noch weißt du, dass sie vorhanden ist. Wir können nur das wissen, worauf wir unsere Achtsamkeit richten. Wenn wir uns einreden, dass sie da sein müsse, so ist sie noch lange nicht da, wenn wir sie nicht zulassen können. Erst wenn wir sie vollkommen zulassen können, können wir sie auch ersetzen. Trauer zu ersetzen benötigt Abstand, Objektivität und Einsicht. Um was trauern wir eigentlich? Wahrscheinlich um uns selbst. Aber was bringt uns das? Diese objektiven Fragen zu untersuchen, bringen uns dazu zu erkennen, dass *Dukkha* universell ist und kein Grund zur Trauer, sondern einzig und allein ein Grund zur Dringlichkeit der Praxis. Aber erstmal das Gefühl zulassen, denn nur das, was wir fest in der Hand halten, können wir auch ersetzen.

F: Wie kann ich starke Gefühle loslassen, wie beispielsweise Angst oder Trauer?
A: Indem wir uns einmal darüber klar werden, dass diese Gefühle uns selbst und andere unglücklich machen. Wenn jemand Angst hat, wird er oft aggressiv, was bestimmt nicht immer angenehm ist für die Umwelt. Trauer ist sowohl für uns selbst als auch für jeden anderen bedrückend. Also vielleicht können wir uns selbst einmal darüber klar werden, dass das für eine bessere Lebensqualität bestimmt nicht von Nutzen ist. Wenn wir unsere Lebensqualität positiv ausrichten wollen, dann müssen wir etwas unternehmen. Wie machen wir das? Durch ersetzen, immer wieder ersetzen. Wenn es schwierig ist, den Anweisungen des Buddhas zu folgen, dass wir mit dem Gegenteil ersetzen, so können wir auch, wenn wir erkannt haben, dass wir unheilsam denken und empfinden, einen Zwischenschritt machen. Hierbei lenken wir den Geist auf etwas, das erbauend und erhebend ist, aber mit der vorhergehenden Situation überhaupt nichts zu tun hat. Wenn dann die Angst oder die Trauer sich etwas gelegt haben, dann können wir noch einmal versuchen, sie mit dem Gegenteil zu ersetzen. Auf jeden Fall müssen wir uns darüber klar werden, dass wir die eigene Lebensqualität und die unserer Umwelt äußerst schädigen, wenn wir nichts dagegen tun.

F: Darf ein Buddhist nicht einfach traurig sein und Schmerz fühlen, beispielsweise wenn jemand gestorben ist?
A: Ja, er darf, aber er sollte wissen warum. Weil etwas geschehen ist, was er nicht gern hat, weil er es lieber anders hätte, darum ist er traurig. Wenn wir wissen,

wieso wir traurig sind, dann haben wir Einsicht gewonnen und die Trauer hat wenigstens einen Sinn. Wenn sie nur einfach Trauer ist, dann hat sie wenig Sinn und wir müssen warten, bis sie sich verflüchtigt. Aber wenn wir wissen, dass wir traurig sind, weil wir etwas bekommen haben, was wir nicht wollten, und nicht das bekommen haben, was wir wollten, dann haben wir etwas verstanden. Dann haben wir Einsicht gewonnen, und wir können dann weiter traurig sein oder auch nicht.

F: Stück-für-Stück-Meditation, Liebende-Güte-Meditation, Vergebung, sich selbst verzeihen, Kontemplation: Möge ich frei sein von Feindseligkeit, Gehmeditation – jedes Mal werde ich derart traurig, dass ich mich zwingen muss, die Tränen zu unterdrücken. Ich bin hier nicht in einer Selbsterfahrungsgruppe. Was bedeutet diese ständige Trauer? Wie gehst du mit Trauer um?
A: Dazu möchte ich vor allen Dingen sagen, dass es wichtiger ist zu wissen, wie der Buddha mit Trauer umgegangen ist und was er uns dazu empfiehlt. Und zwar geht er damit auf eine ganz bestimmte Art und Weise um. Trauer ist *Dukkha*. Es ist ein Erkennen von Leid und diese Meditationszeiten bringen uns natürlich nach innen, sodass das *Dukkha*, das jeder in sich trägt, deutlicher erkennbar wird. Tränen können auch ein Lösungsprozess sein, sind aber im Allgemeinen eine Reaktion auf das vergangene *Dukkha*, manchmal auch auf das momentane *Dukkha*. Obwohl es nicht klar ist, weil du ja versuchst zu meditieren, ist dennoch der Weg nach innen eine Gelegenheit, um diesem inneren *Dukkha* näher zu kommen. Es wäre also hilfreich, das eigene *Dukkha* zu untersuchen, nämlich das, was in uns selbst

und in der Welt, in der wir leben, nicht zufrieden stellend ist. Auch ist es wichtig, nicht nur das eigene *Dukkha* zu erkennen, sondern auch das universelle. Dazu brauchen wir nur einmal den Blick nach außen zu wenden und sofort sehen wir das *Dukkha* der Menschheit. Wenn wir also unser individuelles *Dukkha* sehen, dann können wir auch sofort erkennen, dass wir kein Monopol darauf haben. Vielleicht glauben wir, dass unser eigenes *Dukkha* besonders schlimm sei und schlimmer als das anderer, aber das ist nur eine Idee. Jeder glaubt von seinem eigenen *Dukkha*, dass es besonders unerträglich sei, aber in Wirklichkeit ist *Dukkha* einfach nur *Dukkha*. Alles Leidvolle, nicht Erfüllende, Bedrückende oder Betrübende, alles, was in der Welt aus Hass oder Widerwillen geschieht, ist *Dukkha*. Jede Veränderung trägt *Dukkha* in sich, weil es Reibung verursacht. Daher lautet die erste Edle Wahrheit, dass Existenz *Dukkha* ist.

Wenn wir also unser eigenes *Dukkha* gesehen haben und gleichzeitig auch erkennen, dass Existenz so ist, dann braucht sich unsere Reaktion nicht mehr in Tränen zu manifestieren, sondern unsere Reaktion kann sich dann so ändern, dass wir den spirituellen Weg als das Wichtigste in diesem Leben betrachten, sodass wir das *Dukkha* eines Tages transzendieren können. Und dann haben wir nicht mehr die Trauer des *Dukkha*, sondern *Dukkha* als Lehrmeister, der uns immer wieder daran erinnert, was wir eigentlich tun und wieso wir es tun. Die zweite Edle Wahrheit sagt aus, dass *Dukkha* nur eine einzige Ursache hat, was natürlich die Sache äußerst erleichtert, um sie zu verstehen, aber dennoch viel Einsicht benötigt. Diese Ursache für *Dukkha* ist Begierde. Das bedeutet haben oder loswerden wollen. Das ist der einzige Grund für

Dukkha, denn *Dukkha* ist eine universelle Wahrheit, ein Naturgesetz und hat nichts mit uns individuell zu tun. Tränen sind im Allgemeinen Trauer über das, was wir vielleicht gern gehabt hätten, oder Trauer über das, was wir haben und lieber nicht gehabt hätten. Es hat nur etwas damit zu tun, dass wir Menschen sind, sodass es vielleicht für jemanden, dem bei jeder Gelegenheit die Tränen kommen, äußerst wichtig ist, die Kontemplation über das eigene *Dukkha* und über das *Dukkha* um uns herum in der Welt und überall, wohin wir schauen können, durchzuführen. Der nächste Schritt ist es, in dieser Kontemplation ganz deutlich zu erkennen, dass die volle Zufriedenheit, das totale Verschwinden von *Dukkha* in der Welt nicht möglich ist. Und das ist eine tiefe Einsicht, die uns zur spirituellen Praxis hinführt.

F: Mir wurde ein starker Vorwurf gemacht, der nicht zutrifft. Meine Stellungnahme dazu und mein Wunsch nach besserer Erörterung der Sachlage werden aber nicht akzeptiert. Es ist mir ziemlich unangenehm, in dieser Weise behandelt zu werden. Wie soll ich mich in dieser Situation verhalten?
A: Der Wunsch nach besserer Erörterung wurde nicht akzeptiert, also gibt es *Dukkha*. Du kannst nur fallen lassen und akzeptieren, dass die Erörterung nicht akzeptiert wurde, und nichts weiter. Dass Menschen sich irren in der Einschätzung anderer, ist selbstverständlich. Wir wissen ja nicht einmal ganz genau, wie wir uns selbst einschätzen sollen, geschweige denn andere. Wenn wir einen Vorwurf, also einen Tadel, bekommen und diesen Tadel untersuchen, ob er irgendeine Berechtigung hat, so können wir nur daraus lernen, sollte er berechtigt

sein. Wenn er nicht berechtigt ist, dann lassen wir den Vorwurf einfach fallen – die einzige Möglichkeit, damit umzugehen. Es gibt acht weltliche *dhammas*, von denen wir vier immer gern haben und sie auch haben wollen, und mit den anderen vier wollen wir möglichst nie in Berührung kommen. Diese acht weltlichen *dhammas* lauten: Lob und Tadel, Gewinn und Verlust, guter Ruf und Verleumdung sowie Glück und Unglück. Wenn uns etwas Negatives trifft, so ist der Wunsch nach Erörterung berechtigt. Ist es jedoch nicht möglich, dann machen wir uns nur noch mehr *Dukkha*, wenn wir diesen Wunsch nicht fallen lassen. Der unerfüllte Wunsch bringt *Dukkha*. Es ist erledigt und schon längst wieder im Fluss der Zeit weggeflossen. Wir brauchen es nicht mehr in unserem Erinnerungsvermögen beizubehalten. Gibt es irgendjemanden, der noch nie zu unrecht getadelt wurde?

F: Warum hat ein Mensch, der glücklich sein will, in seinem Herzen einen Geist, der oft unheilsame Dinge denkt?
A: Ich erwähnte bereits, dass wir mit sechs Wurzeln geboren werden, mit drei heilsamen und drei unheilsamen. Wir tragen Gier, Hass und Verblendung in uns und ebenso das Gegenteil davon, Freigebigkeit oder Großzügigkeit, Liebe und Weisheit. Durch die drei unheilsamen Wurzeln entstehen dann die unheilsamen Dinge, auch wenn wir es gar nicht wollen. Daher brauchen wir einen Praxispfad, mit dem wir üben und lernen können, wie wir das Unheilsame in Heilsames verwandeln können. Dann können wir eines Tages vielleicht tatsächlich verwirklichen, was wir gesucht haben, nämlich das Glück

im Herzen. Die Verblendung übrigens ist die Ursache für Hass und Gier. Verblendung bedeutet kurz gesagt, dass wir eine falsche Vorstellung davon haben, wer wir sind und was die Welt ist.

F: Was sind eigentlich unheilsame Gedanken? Ist es beispielsweise auch ein scherzhafter Gedanke, wie „oh, ein grünes Marsmännchen“ wenn jemand einen grünen Pulli trägt? Ich brauche diese Gedanken, um meine Umgebung zu mögen.
A: Wenn diese Gedanken mit liebevoller Zuneigung durchwachsen sind, dann sind sie heilsam. Wenn sie aber mit einer eventuellen Ablehnung verbunden sind, dann sind sie unheilsam. Das müssen wir für uns selbst untersuchen. Etwas lustige oder witzige Gedanken zu haben, kann nicht schaden, aber wir müssen das Gefühl dabei untersuchen.

F: Woran erkenne ich, ob ein Gedanke heilsam oder nicht heilsam ist? Unterliegt diese Entscheidung nicht meiner subjektiven Beurteilung?
A: Ja, das stimmt absolut, doch wir tun es so gut, wie wir können. Da gibt es ein Gleichnis, das der Buddha benutzt hat, und damit kannst du es dir vielleicht gut merken. Wir stellen uns vor, ein Kleinkind geht an den Strand und hat einen kleinen Eimer und eine Schippe und baut eine Burg. Dann wird dieses Kind etwas größer und bringt sich einen großen Ball mit an den Strand und baut keine Burg mehr. Dann wird es noch größer und kauft sich vielleicht ein Surfbrett und ist nicht mehr an dem Ball interessiert. Dann wird es noch größer und bringt sich eine Freundin mit und von da an läuft alles so,

wie wir es kennen. Das heißt also, dass wir von unseren kindlichen und etwas primitiveren Erkenntnissen zu etwas mehr erwachsenen Erkenntnissen heranwachsen. Mit Entscheidungen ist es genauso. Was ist heilsam und was nicht? Auch das unterliegt vollkommen dem inneren Wachstum. Es ist ganz subjektiv, und jeder kann nur für sich selbst Verantwortung übernehmen. Selbstverständlich gibt es Tugendregeln, genauso wie es zehn Gebote gibt, denen wir uns versuchen können anzugleichen. Wenn wir glauben, irgendeines davon sei nicht für uns zutreffend, dann ist es so. Wie wir selbst empfinden, so ist das Leben für uns.

F: Die negativen Gedanken haben ja einen Ursprung. Ist es nicht erst möglich, sie zu verwandeln, wenn ich den Ursprung erkannt habe? So kann ich mein Lebensmuster verändern. Was sagt die buddhistische Lehre dazu?
A: Sicherlich haben die negativen Gedanken ihren Ursprung, der meistens darin besteht, dass jemand auf den Knopf gedrückt hat. Sie haben auch sehr häufig einen Ursprung, weil wir sowieso schon eine negative Gemütsstimmung haben, was wir mit Erkennen der dritten Grundlage der Achtsamkeit feststellen können. Es ist möglich, einen negativen Gedanken in einen positiven zu verwandeln oder ihn zu ersetzen, ohne sich mit dem Ursprung herumzuschlagen. Es ist aber auch möglich, dass uns das nicht gelingt und wir weiter bei der Negativität bleiben, dass wir uns weiter ärgern, aufregen, ablehnen, Widerwillen empfinden. Wenn das der Fall ist, dann sollten wir uns befragen. Nehmen wir einmal an, dass wir uns über einen anderen Menschen ärgern und es uns unmöglich ist, diesen Ärger wenigstens in Akzeptanz – wenn

schon nicht in Liebe – zu verwandeln. Dann könnten wir uns fragen, weshalb wir uns ärgern. Die Antwort darauf lautet wahrscheinlich, dass der andere Unsinn redet. Als nächstes fragen wir uns, wieso wir glauben, dass der andere Unsinn redet. Als Antwort kommt dann vielleicht, dass wir ganz andere Sachen wissen. Und wieso wissen wir etwas anderes? Weil wir das gelesen haben. Ärgern wir uns, weil der andere nicht dieselben Bücher gelesen hat wie wir? Oder ärgern wir uns, weil er uns nicht so akzeptiert, wie wir sind? Was ist der eigentliche Grund? Jede Antwort ist eine neue Frage, und die letzte Antwort lautet immer: Ego. Aber es hat überhaupt keinen Sinn, sich mit dieser letzten Antwort zu beschäftigen, solange wir nicht selbst dahingekommen sind. Nur wenn wir es selbst erkannt haben, dann wissen wir das. Aber hier hilft weder glauben noch bezweifeln, sondern nur sich befragen, was sehr hilfreich ist, wenn das Ersetzen nicht funktioniert. Es kann sehr leicht sein, dass zu Beginn der Praxis das Ersetzen nicht funktioniert, weil wir noch nicht daran gewöhnt sind, denn wir haben dies bis dahin nicht geübt. Es ist anzunehmen, dass es nach einer Weile ganz einfach funktioniert, weil wir schon wissen, woher diese ganzen Negativitäten kommen. Sie kommen immer wieder aus denselben Ursachen, sodass wir uns nicht mehr befragen müssen. Aber wenn es tief verwurzelte negative Gedanken oder Emotionen sind, so ist das Befragen sehr wichtig und jede Antwort ist eine neue Frage, bis wir zu einem Stopp kommen und nicht weiter können.

F: Was sind Emotionen? Kommen sie von außen oder innen? Sind sie eigenständig? Habe ich sie mit Prägungen wie angenehm oder unangenehm selbst geschaffen?

A: Unsere Emotionen sind im Allgemeinen Reaktionen auf angenehme, unangenehme oder neutrale Empfindungen. Es gibt überhaupt nur diese drei. Die neutralen kennen wir kaum, denn dazu benötigen wir starke Achtsamkeit und außerdem sind sie nicht interessant. Wir sind dabei eher geneigt zu glauben, es existiere zu der Zeit keine Empfindung. Aber mit den angenehmen und unangenehmen sind wir von morgens bis abends beschäftigt und wir kennen sie ganz genau. Die angenehmen wollen wir behalten und wiederhaben und die unangenehmen wollen wir so schnell wie möglich loswerden und nie wieder bekommen. Haben und behalten wollen sind die Emotion der Gier und loswerden und nie wieder haben wollen sind die Emotion des Hasses, wobei das Rubriken sind, unter denen alles eingeordnet werden kann, auch die kaum merklichen Reaktionen. Sie entstehen aus unserem Fehlgedanken, dass diese angenehmen und unangenehmen Empfindungen uns selbst gehören. Und solange wir das glauben, reagieren wir natürlich. Wir empfinden nicht immer die gleichen Dinge als angenehm oder unangenehm, aber meistens reagieren wir auf dieselbe Art und Weise. Menschen können etwas als angenehm empfinden, was andere als unangenehm wahrnehmen, aber die Reaktion auf angenehm und unangenehm bleibt dieselbe. Diese ist sozusagen vorprogrammiert, und wir brauchen nur auf den Knopf zu drücken und schon kommt sie herausgeschossen. Angenehm – haben wollen, unangenehm – loswerden wollen. Damit ist die Menschheit die ganze Zeit beschäftigt, aber das ist eine Zeit- und Energieverschwendung. Je mehr wir uns auflehnen oder nach dem Angenehmen suchen, desto schwieriger haben wir es.

F: Worin besteht der Unterschied zwischen ersetzen und verdrängen und wie erkenne ich ihn? Verdrängung hätte ja zumindest aus therapeutischer Sicht eher ungünstige Konsequenzen.
F: Bitte erkläre noch einmal ganz genau den Unterschied zwischen Schmerz, Wut, Hass fallen lassen, nicht aufkommen oder nicht hochkommen lassen und unterdrücken.
A: Wenn ich diese Klangschale loswerden will, aber nicht weiß, wo sie sich befindet, sondern sie vor mir selbst verstecke, dann wird sie ja wohl dableiben müssen, wo sie ist. Wenn ich sie aber fest in der Hand habe und sie mit etwas ersetzen möchte, was mir wertvoller erscheint, weil sie mir aus irgendeinem Grund nicht wert ist zu behalten, dann kann ich das Neue, womit ich ersetzen will, vielleicht das Kissen, stattdessen in die Hand nehmen und diese Klangschale fallen lassen. Aber erst muss ich sie einmal fest in der Hand halten. Wenn ich sie vor mir selbst verstecke, dann habe ich keine Chance zu ersetzen. Dann bleibt sie da, wo sie immer war. Das wäre unterdrücken. Schmerz, Wut und Hass sind Emotionen, die mit anderen Emotionen ersetzt werden können, wenn wir sie erkennen. Im Allgemeinen äußern sie sich dann in einem ganzen Wust an Gedanken. Diese Emotionen von Schmerz, Wut und Hass nicht aufkommen zu lassen, bedarf der Arbeit der Läuterung. Ersetzen allein genügt nicht, denn sie werden immer wiederkommen.

F: Was genau heißt fallen lassen? Ich habe zum Beispiel ein unangenehmes Gefühl an einer Körperstelle erkannt und dann soll ich es fallen lassen und zur nächsten

Körperstelle weitergehen. Das klingt für mich nach wegschauen, ignorieren, vielleicht sogar verdrängen.
A: Die beiden Sätze passen nicht zusammen, denn wenn wir ein unangenehmes Gefühl erkannt haben, dann haben wir es ja nicht verdrängt, sondern erkannt. Und wir haben es auch nicht ignoriert oder weggeschaut. Verdrängen, wegschauen, ignorieren einerseits und erkennen andererseits sind Gegensätze. Wenn wir ein unangenehmes Gefühl an einer Körperstelle erkannt haben, dann sollen wir es fallen lassen und uns nicht weiter damit beschäftigen. Genau wie wir unsere Hand öffnen, um etwas loszulassen, können wir unseren Geist öffnen, um das unangenehme Gefühl loszulassen. Wenn wir dieses unangenehme Gefühl festhalten, dann können wir uns anders damit beschäftigen.

F: Müssen wir nicht hinschauen und manchmal sogar ein Gefühl, wenn es stark ist, ausdrücken, also dem Impuls zum Weinen nachgeben, wenn er kommt, anstatt zur nächsten Stelle weiterzugehen? Trägt es nicht zur Selbsterkenntnis bei, wenn wir genau genug hinschauen und auch erkennen, aus welcher Situation eine Blockade stammt?
A: Das zu machen ist mutig, wenn wir nicht loslassen können. Das Erstbeste ist loslassen und fallen lassen. Und wahrscheinlich dasselbe immer wieder fallen lassen. Jedes Mal, wenn wir uns ärgern, lassen wir diesen Ärger los. Wir lassen nicht nur das Gefühl an einer Körperstelle los, sondern alles, alle Emotionen, wir können sie fallen lassen. Wenn wir das nicht können, sondern anhaften und stecken bleiben und weiter hinschauen möchten – es ist eine ganz persönliche Wahl – dann sollten wir uns

fragen: „Wieso kann ich nicht fallen lassen?“ Die Antwort darauf lautet im Allgemeinen: „Weil ich nicht will.“ Aber dazu brauchen wir kompromisslose Ehrlichkeit uns selbst gegenüber. Es ist nicht einfach und wir können es nicht ohne weiteres, aber es ist erlernbar. Das heißt also, wenn wir an einem unangenehmen Körpergefühl anhaften, was sehr leicht passieren kann bei der Stück-für-Stück-Meditation, dann lautet die erste Frage: „Wieso hafte ich da an?“ Und dann kommen die Erklärungen wie, dass wir genau hinschauen wollen. Dann haben wir hingeschaut. Und wieso wollen wir genau hinschauen? Wir wollen wissen, woher das Gefühl kommt. An der Stelle sind wahrscheinlich die Antworten zu Ende. Woher kommen die Schmerzen im Knie? Vom Berührungskontakt. Oder wieso haben wir Verspannungen im Rücken?

Es ist im Allgemeinen unmöglich, in der Stück-für-Stück-Meditation festzustellen, welche von den Verspannungen, die wir spüren, mit welchen Emotionen zusammenhängen. Wir können uns einreden, dass wir das erkennen, aber es ist im Allgemeinen nicht möglich. Es ist vor allem unnötig, denn wir haben schon derartig viele Emotionen gehabt und wir haben uns schon so oft verspannt, dass es unmöglich und unwichtig ist, alle diese Situationen noch einmal heraufzubeschwören. Wenn wir diese Situationen alle noch einmal erleben wollen, dann verspannen wir uns noch etwas mehr. Aber wenn wir das unbedingt machen wollen, können wir auch damit die Zeit in der Meditation verbringen. Alles ist möglich – der Geist ist ein Zauberkünstler. Aber es gibt den Weg des Loslassens, der bei dieser Meditationsmethode unumgänglich nötig ist, denn sonst können wir nicht weiter meditieren. Dann sitzen wir auf dem unangenehmen

Gefühl fest. Im täglichen Leben haben wir die Wahl. Wenn wir loslassen können, umso besser. Das sollten wir bei der Meditation lernen und dann können wir es vielleicht auch im täglichen Leben benutzen. Wenn das nicht geht, dann können wir befragen. Und wenn wir befragen, ist jede Antwort eine neue Frage. Das können wir natürlich auch machen, wenn bei der Kontemplation Dinge hochkommen, die uns nicht ganz erklärlich sind. Aber gerade in der Stück-für-Stück-Meditation ist loslassen nötig. Es hat nichts damit zu tun, dass wir nicht hingeschaut haben. Wir können nur loslassen, was wir schon gespürt haben.

F: Bedeutet ersetzen nicht verdrängen der wahren Gefühle, die wir uns nicht eingestehen wollen? Es kommt mir mitunter etwas falsch vor, sofort ein negatives Gefühl durch ein nicht empfundenes, nur gewolltes positives Gefühl zu ersetzen.
A: Hier liegen mehrere Missverständnisse vor. Wenn wir etwas ersetzen wollen, dann müssen wir das doch erst einmal fest in der Hand halten. Wenn wir es verdrängen, dann können wir es doch gar nicht ersetzen, weil wir gar nicht wissen, was wir ersetzen sollen. Wenn wir also verdrängt haben, wie können wir denn dann etwas ersetzen? Das zweite Missverständnis beruht darauf, dass wir Gefühle, die wir nicht empfinden, sondern nur wollen, nicht haben, es sind lediglich Gedanken. Wir müssen den Unterschied zwischen Gefühlen und Gedanken einmal feststellen. Dabei hilft nur Achtsamkeit, das heißt auf sich selbst aufpassen und sich selbst erkennen. Wenn wir die negativen Gefühle und Gedanken beibehalten, so graben sie tiefe Furchen, und je länger wir das erlauben,

desto schwieriger wird es, aus diesen Furchen wieder herauszukommen. Es ist wie ein schlammiger Weg, auf dem ein schwerer Lastwagen immer hin und her fährt. Am Ende sinkt er so tief ein, dass wir einen Kran benötigen, um ihn wieder herauszuholen. So geht es auch mit den negativen Gedanken und Emotionen. Nur kann uns niemand einen Kran bringen, obwohl wir es hoffen, aber es geschieht nicht, wir müssen es selbst tun. Daher ist es bedeutend besser, vernünftiger und mehr dem gesunden Menschenverstand zugeneigt, dass wir nicht solch' tiefe Furchen graben, sondern gleich loslassen.

Für das Loslassen gibt es drei Möglichkeiten. Loslassen ist ideal, aber wir können es nur, wenn wir bereits geübt haben. Ohne zu üben, kann niemand einfach gleich loslassen. Die zweite Möglichkeit ist das Ersetzen mit dem Gegenteil. Auch das ist nicht so einfach und wir müssen es üben, wie wir es in der Meditation tun. Wenn während der Meditation Gedanken kommen, versuchen wir, sie mit der Achtsamkeit auf den Atem zu ersetzen. Manchmal wird uns erst nach längerer Zeit bewusst, dass wir überhaupt gedacht haben. So geht es auch im täglichen Leben: Manchmal merken wir vielleicht erst, wenn einer zurückpöbelt, dass wir selbst gepöbelt haben. Wenn wir bereits geübt haben, dann wird uns schneller bewusst, dass ein Gedanke hochgekommen ist, der nicht sinnvoll ist. Und wenn wir immer weiter üben, ist es natürlich möglich, dass am Ende überhaupt keine Gedanken mehr hochkommen. Aber erst einmal wird es so sein, dass wir die Gedanken und Gefühle erkennen. Vielleicht dauert es am Anfang eine gewisse Zeit, bis wir sie erkennen, genau wie es hier bei der Meditation eine längere Zeit dauert, aber dann wird die Zeit immer kürzer und wir erkennen sie immer schneller. Wenn wir nicht achtsam sind, dann geraten wir in die Gefahr, die Gedanken und Gefühle auszusprechen und uns dadurch Feinde zu machen und die Atmosphäre, in der wir leben, mit Negativitäten zu verseuchen. All diese Gefahren bestehen, wenn uns nicht bewusst ist, was wir denken und fühlen. Wenn es uns jedoch bewusst ist und auch noch recht schnell, dann haben wir die Möglichkeit des Loslassens, des Ersetzens und, wenn es gar nicht anders geht, die Gedanken und auch die Gefühle auf etwas ganz anderes zu lenken, sodass diese Negativität erst einmal verschwindet. Wir schaden damit keinem anderen so sehr wie uns selbst.

Wenn wir eines Tages vernünftig genug sind, zu uns selbst zu sagen: „Das ist doch ein heller Wahnsinn, mich selbst unglücklich zu machen! Wieso höre ich nicht auf damit?“, dann haben wir es richtig begriffen und wir werden auch aufhören negativ zu denken und zu fühlen. Solange wir das noch nicht gemerkt haben, sind wir natürlich immer in Gefahr, andere zu beschuldigen oder Rechtfertigungen für die Negativitäten zu suchen oder aber auch zu glauben, dass wir ja unsere Negativitäten ausleben müssten. Wenn das jeder täte, wäre es noch schlimmer auf der Welt, als es schon ist. Wir haben jedoch immer die Wahl. Und wenn wir diese Wahl oft genug getroffen und unsere Negativitäten ausgesprochen und ausgelebt haben, werden wir wahrscheinlich eines Tages dahinter kommen, dass das nicht der Weg zum Glück ist, sondern der Weg zum Unglück. Der Buddha wollte uns davor bewahren, diesen Weg zum Unglück zu wählen, indem er ihn uns erklärt hat. Vielleicht genügt diese Erklärung, um die meisten davor zu bewahren. Dass wir es nicht gleich können, ist klar. Die unheilsamen Gedanken braucht niemand, ebenso wenig die unheilsamen Gefühle. Wenn wir sie also erkannt haben und den Krampf des Festhaltens mal nicht mehr benutzen wollen, dann können wir loslassen. Aber loslassen ist nicht ganz so einfach, wie es sich anhört, wir können auch das Ersetzen nicht so schnell lernen, wie es hier erklärt wird, daher gibt es diesen Zwischenschritt des sich Zuwendens zu etwas Angenehmem wie zum Beispiel eine schöne Blumenwiese, daran erfreuen sich wohl die meisten Menschen. Und dann vergessen wir vielleicht, worüber wir uns da so geärgert haben.

Hier folgt noch ein weiterer Vorschlag, wie wir leichter loslassen und ersetzen können: indem wir nämlich den eigenen Tod anschauen. Was ist noch wichtig, wenn wir auf unserem Totenbett liegen? Das sollten wir uns einmal wirklich vor Augen führen. Ist es da wirklich wichtig, ob wir Recht hatten oder ob es berechtigt war, negativ zu sein, oder ob wir irgendwelche Gefühle und Gedanken haben wollten und nicht hatten? Worum geht es uns, wenn wir da liegen und genau wissen, dass wir in Kürze sterben werden? Wenn wir uns das überlegt haben, dann leben wir danach, denn wir müssen nicht auf den letzten Moment warten, um zu wissen, worum es wirklich geht. Das können wir auch jetzt schon wissen. Wir sterben nicht nur jeden Abend, sondern im Prinzip sterben wir in jedem Moment und entstehen wieder neu. Von Sekunde zu Sekunde zerfällt und zerbricht alles. Dazu schlage ich immer vor, sich einmal eine Digitaluhr anzuschauen. Wie lange bleibt eine von den Zahlen, eine Sekunde? Und dann ist sie vorbei, und die Sekunde kommt nie wieder, obwohl sie auf der Uhr wiederkommt. Die Gefühle, die

Emotionen, der Mensch, der in dieser Sekunde da war, kommen nie wieder, aber das müssen wir uns anschauen. Wir ersetzen also alles, was wir nicht brauchen, so schnell wie möglich und behalten es nicht weiter.

F: Ich habe eine Frage zur Achtsamkeit. Wenn wir die eigenen Gedanken beobachten und negative Gedanken kontrollieren, führt das nicht zu einer Verdrängung, damit wir uns gut fühlen? Wenn wir uns nicht wirklich mit dem Unangenehmen auseinandersetzen, arbeiten die Gedanken doch im Unterbewusstsein weiter und belasten. Wie siehst du das?
A: Das sind alles Gedankengänge, die nicht funktionieren. Meine Formel „erkennen, nicht tadeln, ändern" bedeutet machen und tun, statt zu denken. Da sollten wir einmal erkennen können, was in uns los ist und wie wir das ändern können. Wir sollten die Ehrlichkeit besitzen, es zu akzeptieren, nicht zu tadeln und uns wirklich ändern zu wollen. Von verdrängen kann überhaupt nicht die Rede sein. Was wir verdrängt haben, können wir unmöglich ändern. Was wir fest in der Hand halten und erkennen, können wir loslassen. Wenn ich diese Klangschale loslassen will, dann hat es keinen Sinn, wenn ich sie verstecke oder verdränge, denn dann weiß ich ja nicht, wo sie sich befindet und ich kann überhaupt nichts mit ihr anfangen. Wenn ich sie fest in der Hand halte, dann kann ich die Hand öffnen und loslassen und sie ist weg. Der Unterschied zwischen erkennen und verdrängen ist himmelweit, und er sollte nicht gedanklich überlegt werden, sondern durch das Gefühl erlebt und erkannt werden. Wenn die Meditation funktioniert, dann wird das alles viel einfacher und selbstverständlich.

F: Besteht bei der Liebenden-Güte-Meditation nicht die Gefahr, vorhandene negative Gefühle – wie Wut und Ärger – nur zu verdrängen? Äußern sich diese verdrängten Gefühle dann eventuell psychosomatisch, das heißt, der Körper beginnt krank zu werden?
A: Selbstverständlich gibt es unendlich viele Möglichkeiten, krank zu werden, auch psychosomatisch. Jedoch soll die Liebende-Güte-Meditation genau das Gegenteil bezwecken. Wenn wir während der Liebenden-Güte-Meditation wütend und ärgerlich sind, dann sollten wir uns das eingestehen. Und wenn wir bei der Liebenden-Güte-Meditation überhaupt nichts empfinden, dann müssen wir uns mit den Gedanken begnügen, denn auch die Gedanken sind ein Sinneskontakt, der Gefühle mit sich bringt, die wir eines Tages auch erleben. Wenn wir bei der Liebenden-Güte-Meditation wütend und ärgerlich sind, sollten wir vielleicht versuchen, vernunftmäßig zu verstehen, dass diese Wut und der Ärger uns nicht viel bringen. Wem helfen sie? Demjenigen, der wütend ist, oder demjenigen, auf den man wütend ist? Wer wird davon in irgendeiner Weise gebessert? Derjenige, auf den man wütend ist, weiß wahrscheinlich gar nichts davon. Und derjenige, der wütend ist, hat ja bestimmt unangenehme Gefühle davon. Wir wissen sicher alle, wie es sich anfühlt, wütend zu sein, was nicht sehr angenehm ist. Die meisten Menschen wären begeistert davon, Wut loszuwerden. Es gibt auch Menschen, die vielleicht nicht so davon begeistert sind, weil sie sich eingeredet haben, dass sie unbedingt so weiterleben müssen. Je mehr und je öfter wir Wut und Ärger in uns hochbringen und sogar vielleicht ausdrücken, desto tiefere Furchen graben diese Negativitäten. Wir können immer eine Wahl treffen. Wir

können uns für Wut und Ärger entscheiden oder aber für Liebe und Mitgefühl. Es ist immer unsere eigene Wahl. Es ist nicht von vornherein gegeben, dass wir wütend und ärgerlich sein müssen. Es ist auch nicht von vornherein gegeben, dass wir liebend und mitfühlend sein müssen, aber wir können immer wählen. Und wenn wir bei der Liebenden-Güte-Meditation – wofür wir sie ja üben – die Gefühle von Liebe und Zuneigung nicht empfinden, so genügt es erst einmal, sie zu denken. Denn das, was wir denken, prägt uns. Je öfter wir wütend und ärgerlich denken, desto mehr sind wir davon geprägt. Je öfter wir negativ denken, desto mehr sind wir davon geprägt. Wir sind vollkommen veränderlich, und wir prägen uns selbst in dieser Veränderlichkeit. Das heißt, wir sind alles, was wir in uns aufnehmen.

F: Wenn ich eine Emotion mit einer anderen ersetze, ist das nicht eine Verdrängung von Gefühlen? Müsste ich nicht eher genau hinschauen, woher die Emotion kommt und was sie mir sagen möchte?
A: Wenn wir eine Emotion mit einer anderen ersetzen, so haben wir sie zuerst genau erkannt. Es ist unmöglich, etwas zu ersetzen, was wir verdrängt haben. Wenn wir aber nicht ersetzen können, dann sollten wir uns befragen. Können wir ersetzen, so werden die Furchen in Herz und Geist nicht so tief. Können wir nicht ersetzen, müssen wir uns befragen und jede Antwort ist wiederum eine neue Frage. Wenn wir diese Fragestellung und das Beantworten wirklich unternehmen, so erlangen wir Einsicht in uns selbst.

F: Wie kann ich im Alltag unheilsame Gedanken ersetzen?
A: Wie ersetzen wir die unheilsamen mit den heilsamen Gedanken? Dadurch, dass wir erkennen, dass wir uns damit nur selbst schaden. Wir sind unseres eigenen Glückes Schmied. Wir reden uns immer oder fast immer ein, dass die unheilsamen Gedanken berechtigt sind, dass der andere, über den wir so denken, schlecht ist oder war, dass wir das ablehnen und ärgerlich sein müssen. Wir haben viele Ideen darüber und daher bemühen wir uns nicht, etwas anderes zu unternehmen. Dass wir selbst in starker Weise dadurch geschädigt werden, wollen wir oft einfach nicht sehen. Erstens schadet uns das, weil wir schlechtes *Karma* machen, und zweitens, weil sich unheilsame Gedanken äußerst unangenehm anfühlen. Negative Gedanken haben auch noch eine andere Eigenschaft, die den meisten Menschen nicht klar ist. Sie zapfen nämlich unsere Energie ab. Je mehr unheilsame und negative Gedanken wir haben, desto weniger Energie haben wir zur Verfügung. Das kann dazu führen, dass wir uns am Ende, wenn wir nichts dagegen getan haben, vollkommen energielos fühlen. Je mehr wir unheilsam, negativ, ablehnend, widerwillig, ärgerlich, hasserfüllt, selbst mitleidig denken und uns selbst als Opfer sehen, desto weniger Geistesenergie steht uns zur Verfügung. Das ist ein interessantes Phänomen, das wir deutlich beobachten können, wenn wir gelernt haben, uns selbst ehrlich zu beobachten. Das Positive, Liebende, Hilfreiche, Mitfühlende bringt neue Energie, sodass es noch verstärkt werden kann. In den meisten Fällen ist es sinnlos, vor den Auslösern für Negativitäten wegzulaufen oder zu versuchen, sie in irgendeiner Weise wegzuschieben,

denn es kommen immer wieder neue. Das sind die ersten Einsichten, die wir brauchen, um das Unheilsame mit dem Heilsamen zu ersetzen. Wenn wir das erkannt haben, dann sehen wir ein, dass wir unsere Gedanken ändern können, weil wir ja unsere Ansichten und Meinungen sowieso schon viele hundert- oder tausendmal geändert haben. Wieso sollten wir dann nicht auch das Unheilsame ändern können?

Wenn wir uns also über jemanden ärgern, weil er sich beispielsweise nicht unseren Erwartungen entsprechend benimmt, dann können wir sofort erkennen, dass dieser eigene Ärger uns nur selbst schadet, er uns die Energie raubt, wir schlechtes *Karma* machen und er uns innerlich wehtut. Dann könnten wir uns vorstellen, dass dieser Mensch, über den wir uns gerade ärgern, mindestens so viel *Dukkha* hat wie wir selbst und gedanklich den Ärger in Mitgefühl verwandeln, was einfacher ist, als Ärger in Liebe zu ändern. Wenn wir diese Verwandlung von unheilsamen Gedanken und auch Gefühlen in uns vornehmen, dann haben wir eine Wandlung, die das spirituelle Leben ausmacht. Das ist es, was es uns ermöglicht, den Weg zu gehen, der zu einer ganz anderen Art des Bewusstseins führt. Wir müssen es natürlich mehr als einmal machen und es funktioniert auch nicht jedes Mal. Aber das ist kein großes Unglück. Wenn es einmal nicht funktioniert, probieren wir erneut. Vielleicht sind wir schon so durchwachsen mit dem Ärger, dass wir ihn nicht mehr ersetzen können. Wir haben es zu weit kommen lassen und nicht schnell genug eingegriffen. Das ist auch möglich und passiert immer wieder. Dann müssen wir warten, bis sich der Ärger von allein wieder verflüchtigt und ihn nicht absichtlich wieder hochbringen. Alles, was einmal entstanden ist, muss wieder verschwinden. Das ist ein Naturgesetz. Aber im Prinzip geht es darum, so schnell wie möglich zu ersetzen, damit das Unheilsame nicht erst Furchen gräbt in unserem Geist. Das sind die alten Muster, die wir ständig wiederholen, weil wir nicht schnell genug eingegriffen haben.

F: Ab wann ist es sinnvoll, Empfindungen und Gefühle nicht zu ersetzen, sondern genauer zu untersuchen und zu erforschen?
A: Vor allen Dingen ist es sinnvoll, sie nicht zu ersetzen, wenn sie heilsam und liebevoll sind. Aber ich nehme nicht an, dass das mit der Frage gemeint ist, sondern dass unangenehme, ablehnende und unheilsame Empfindungen und Gefühle gemeint sind. Wenn sie immer wieder hochkommen und sich um das gleiche Thema drehen – um eine bestimmte Person, ein bestimmtes Ereignis oder eine bestimmte Ablehnung –, dann ist es sinnvoll, dass wir uns fragen, warum wir negativ denken und fühlen. Die Antwort darauf ist die nächste Frage. Die letzte Antwort, die es gibt, lautet immer: Ego, es gibt keine andere Antwort. Aber es ist sinnlos zu sagen: „Ach so! Ego! Na ja also! Nächstes Problem." Das nutzt nichts, denn wir müssen selbst dahinter kommen. Mit dem Frage-und-Antwort-Spiel machen wir immer weiter, bis wir klar erkennen, dass es keinen anderen Grund für eine negative Reaktion als das Ego gibt. Kein anderer hat irgendetwas damit zu tun. Wenn dasselbe immer wieder hochkommt, können wir das in der Kontemplation untersuchen. Manche Menschen bringen dasselbe Problem absichtlich immer wieder hoch, weil es eine Egounterstützung ist. Dann geht es nicht darum:

„Schau, wie gut es mir geht!“, sondern darum: „Schau, wie schlecht es mir geht!“

F: Ich habe das Gefühl, dass verstärkt Hindernisse auftauchen, zum Beispiel wenn ich mich etwas besser konzentrieren konnte oder ich eine tiefe Einsicht hatte, der ich nun folgen möchte. Ist meine Wahrnehmung richtig? Was kann ich dagegen tun?
A: Die Wahrnehmung ist absolut richtig. Das heißt aber nicht, dass die Hindernisse jetzt stärker geworden sind, sondern die Wahrnehmung ist besser geworden. Darüber kannst du dich freuen.

An dieser Stelle möchte ich noch die Hindernisse besprechen und verdeutlichen. Der Buddha hat von fünf Hindernissen gesprochen, die uns allen zu Eigen sind. Natürlich haben wir diese Hindernisse in unterschiedlichem Ausmaß. Diese fünf sind wie Rubriken, unter denen alle unsere Schwierigkeiten eingeordnet werden können. Wenn wir meditieren, dann wird die Wahrnehmung dessen, was sich in unserem Inneren abspielt, besser und wir lernen diese Hindernisse besser kennen. Haben wir sie kennen gelernt, können wir etwas dagegen tun. Deshalb sollten wir uns freuen, wenn wir unsere Hindernisse stärker wahrnehmen.

Die Hindernisse heißen: Begierde für sinnliche Befriedigung, Übelwollen, Lässigkeit und Trägheit des Geistes, Unruhe und Rastlosigkeit und skeptischer Zweifel. Die Begierde für sinnliche Befriedigung ist uns im Allgemeinen überhaupt nicht bewusst. Wir wollen es angenehm und komfortabel haben, wir wollen unsere Wünsche erfüllt bekommen. Wir möchten es gerne in jeder Beziehung so haben, wie wir es uns vorstellen, und wir haben genaue

Vorstellungen, wie etwas sein soll. Wenn irgendjemand dazwischenfunkt, dann ärgern wir uns über denjenigen. Natürlich funkt andauernd jemand oder irgendetwas dazwischen. Und so verbringen wir unsere Tage. Diese Sinneskontakte, auf deren Ebene wir unsere Erfüllung suchen, können uns nie vollkommen befriedigen, weil sie nicht bleiben. Da können wir uns noch so sehr anstrengen. Der Mond bleibt vielleicht etwas länger als wir, aber auch das ist fraglich. Wir bleiben bestimmt nicht.

Wenn wir auf der Ebene der Sinnesbegierde den Sinn unseres Lebens suchen, so ist das viel zu begrenzt. Und alles, was in der Welt möglich ist, ist die Ebene der Sinnesbegierde, ganz egal, wie wir sie nennen. Ob es mit Menschen zu tun hat oder mit Situationen oder mit Ärgernissen oder mit angenehmen Ideen, alles spielt sich auf der Ebene der Sinnesbegierde ab. Erst wenn wir erleben, dass Sinnesbefriedigung nicht nötig ist, um uns ein inneres Gefühl der Glückseligkeit zu vermitteln, dann wissen wir, dass das stimmt. Wenn wir also in der Meditation sitzen und der Geist sagt: „Ach, wie unkomfortabel das ist.", oder: „Ich hätte mich ja doch auf den Stuhl setzen oder gleich zuhause bleiben sollen.", oder: „Vielleicht soll ich nach Hause fahren oder doch lieber Tai Chi üben?", oder: „Wann gibt es denn endlich Mittagessen", oder: „Gestern hat es mir nicht geschmeckt und vielleicht schmeckt es heute besser." und so weiter, dann brauchen wir nur das Etikett Sinnesbegierde zu verwenden. Das ist ganz akzeptabel, denn jeder hat es und es ist ganz in Ordnung. Wenn wir solche Überlegungen während der Meditation anstellen, dann können wir ganz sicher sein, dass wir nicht meditieren. Sinnesbegierde hat der Buddha mit einem Teich verglichen, in den viele Farben hineingeschüttet wurden und in dem wir deshalb unser eigenes Antlitz nicht sehen können. Das heißt also, dass die Farbenfreudigkeit und die Vielfalt der Angebote, die heute sicher noch zahlreicher sind als zu Buddhas Zeiten, uns das Erkennen verdecken. Wir erkennen nicht, dass wir ständig dabei sind, irgendetwas zu finden, was wir eventuell noch nicht hatten und was doch vielleicht das Richtige sein könnte.

Neben der Sinnesbegierde haben wir noch mit Hass und Übelwollen als große Schwierigkeit zu tun. Meistens hat ein Mensch entweder mehr mit Gier oder aber mehr mit Hass zu tun, aber wir tragen dennoch beides in uns. Die Menschen mit mehr Gier haben im Allgemeinen ein angenehmeres Leben, denn sie leben sozusagen ständig in guter Hoffnung, dass irgendwas geschieht, wenn sie es nur richtig anpacken oder wenn ihnen keiner in die Quere kommt. Oder wenn sie all das, was ihnen im Weg steht, wegräumen und dann ihre Befriedigung bekommen. Diese Menschen sind auch im Allgemeinen angenehmer im Umgang, weil sie noch die Hoffnung haben, dass sie auf der weltlichen Ebene die Erfüllung ihrer Wünsche erreichen werden. Es fällt ihnen daher jedoch viel schwerer, den spirituellen Pfad zu verstehen und zu gehen. Die Menschen mit mehr Hass tragen ein äußerst unangenehmes Gefühl in ihrem Inneren, was sie überhaupt nicht behalten wollen. Für sie ist es viel einfacher, den spirituellen Pfad zu verstehen und auch zu gehen. Aber ihr Leben ist schwieriger und es ist schwieriger, mit ihnen auszukommen, wenn sie noch nicht praktiziert haben. Also gibt es auf beiden Seiten etwas Positives und etwas Negatives.

Diese beiden hatte ich schon erwähnt als die zwei

unheilsamen Wurzeln, die aus der Verblendung – der Ich-Illusion – entstehen. Der Buddha hat das Übelwollen mit einem Teich verglichen, der von vielen hohen Wellen ganz bewegt ist, sodass wir auch darin unser Antlitz nicht gespiegelt sehen. Das bedeutet, dass wir, wenn wir erst einmal wütend oder ärgerlich geworden sind, nichts anderes mehr sehen als die Wellen des Ärgers und der Wut. Wir machen das oft genug, und da wir nichts anderes kennen, wissen wir gar nicht, wie unangenehm das ist. Es ist wie ein Rucksack, den wir mit uns herumschleppen, der hundert Pfund wiegt und den wir noch nie abgelegt haben. Wir spüren erst, wie angenehm es ohne ihn ist, wenn wir ihn nicht mehr tragen müssen.

Diese beiden Hindernisse sind sozusagen die stärksten. Wenn wir sie durch Meditation oder Kontemplation in uns erkennen, so ist das der Weg nach innen. Meine Formel dazu lautet immer: Erkennen, nicht tadeln, ändern, wenn wir das wollen. Wir sagen ja, des Menschen Wille sei sein Himmelreich. Wenn wir wollen, können wir das ändern, wenn wir nichts ändern wollen, dann sollen wir es behalten.

Das dritte Hindernis ist die Lässigkeit und Trägheit des Geistes. Das Hinwenden zum Meditationsobjekt ist ein Gegenmittel dazu, aber natürlich meditieren wir nicht den ganzen Tag. Deshalb ist es nötig, das Hinwenden zum Gegenteil auch während des Tages zu praktizieren. Das Gegenteil von Hass ist die liebende Güte, das Gegenteil von Gier ist die Freigebigkeit und Großzügigkeit. Das können wir immer wieder ganz bewusst üben. Und diejenigen, die diesen Pfad gehen, üben das auch bewusst, und eines Tages wird es ganz selbstverständlich. Dann heißt es nicht mehr: „Ich will haben“, sondern „ich will geben“. Und wir denken auch nicht mehr: „Was für ein scheußlicher Mensch das ist!“, sondern „Ach, wie kommt denn das, dass ich noch so viele Negativitäten in mir verspüre? Ich dachte, ich hätte das schon ausgeräumt.“ Es ändert sich, aber wir müssen etwas dafür tun. Die Lässigkeit und Trägheit des Geistes hat der Buddha mit einem sumpfigen Teich verglichen. Auch darin sehen wir unser Gesicht nicht gespiegelt, und der Sumpf ist sozusagen alles, was wir kennen.

Das vierte Hindernis ist die Unruhe und Rastlosigkeit, was uns bei der Meditation sehr stört. In der Kontemplation können wir das einmal untersuchen und sehen, ob wir es erkennen. Die Unruhe und Rastlosigkeit ist auf Hass und Gier zurückzuführen, die Lässigkeit und Trägheit des Geistes meistens auf Gier. Diese Unruhe und Rastlosigkeit, die wir alle in unserem täglichen Leben verspüren, können wir nicht absichtlich abstellen. Bei Gier und Hass können wir das Gegenteil praktizieren. Bei der Lässigkeit und Trägheit des Geistes können wir uns zusammenreißen und Selbstdisziplin üben. Aber Unruhe und Rastlosigkeit bleibt bis einen Schritt vor der vollen Erleuchtung noch bestehen. Erst der voll Erleuchtete hat Unruhe und Rastlosigkeit vollkommen aufgegeben, weil er nichts mehr bekommen, erreichen oder werden muss. Es ist alles erledigt. Wir können diese Unruhe und Rastlosigkeit wohl erkennen, können uns vielleicht auch meditativ davon zeitweilig befreien. Und dann kommt sie wieder hoch. Da ist ein Erkennen hilfreich, aber wir haben im Prinzip nichts außer der Meditation, womit wir sie ersetzen können. Aber wir dürfen uns nicht einreden, dass das ewige Erledigenmüssen nun wirklich der Zweck und Sinn unseres Lebens ist, sondern können es ruhig mit seinem richtigen Namen benennen, nämlich Unruhe und Rastlosigkeit. Das bedeutet nicht, dass wir inaktiv werden, aber es bedeutet, dass wir nicht überaktiv werden, denn alle Extreme sind zu vermeiden.

Das fünfte Hindernis ist der skeptische Zweifel. Hier wird der Teich damit verglichen, dass er voller Wasserpflanzen ist, sodass wir auch hier wieder unser Antlitz nicht sehen können. In diesen skeptischen Zweifel sind die eigenen Meinungen eingebettet. Das, was wir glauben, wissen, für richtig halten und auch tun werden, wenn uns keiner dabei stört. Die Egobestätigung zeigt sich besonders stark im skeptischen Zweifel. Jemand mit ausgeprägtem skeptischen Zweifel beginnt fast jeden Satz mit „Ja, aber". „Ja" ist freundlich, und „aber" ist Zweifel. Der Zweifel ist jedoch nicht auf Wissen oder Weisheit aufgebaut, sondern er ist auf einer Meinung aufgebaut und deshalb eine Bestätigung der eigenen Person. Das in sich zu erkennen, ist nicht einfach, denn wir sind alle damit beschäftigt, unsere eigene Person zu bestätigen. Und je mehr wir damit beschäftigt sind, desto weniger Neues können wir in uns aufnehmen. Um etwas Neues in den Geist aufzunehmen, was vielleicht ganz anders aussieht als all das andere, was wir schon kennen, müssen wir irgendwie Raum schaffen. Wenn alles voll ist, können wir nichts Neues aufnehmen.

In diesem Zusammenhang hat der Buddha die Menschen mit vier verschiedenen Tongefäßen verglichen. Es gibt Tongefäße, die am Boden Löcher haben. Wenn wir in diese Wasser hineingießen, dann läuft es gleich wieder heraus. Damit meinte er, dass diejenigen zwar das *Dhamma* hören, aber es geht zum rechten Ohr hinein und zum linken Ohr gleich wieder heraus und sie nehmen es überhaupt nicht auf. Dann gibt es ein Tongefäß mit Rissen, aus dem Wasser hinaussickert. Dabei merken wir uns das im Kurs Gehörte über die Buddhalehre noch zwei, drei oder vier Wochen und dann vergessen wir das meiste wieder. Dann gibt es ein randvolles Tongefäß, in dem das Wasser natürlich abgestanden ist und in das wir überhaupt nichts dazugießen können. Derjenige weiß schon alles und eine Unterhaltung mit ihm zu pflegen, ist nicht einfach. Dann gibt es noch ein leeres Tongefäß ohne Löcher und ohne Risse, in das wir frisches Wasser hineingießen können. Nun sind wir vielleicht nicht in der Lage, unseren Geist ganz zu entleeren, sodass wirklich Platz darin ist, aber vielleicht können wir eine Ecke freimachen, um das Neue aufzunehmen. Das ist das Gegenmittel zu dem skeptischen Zweifel. Der skeptische Zweifel ist größtenteils auf den eigenen Meinungen und Ansichten aufgebaut. Die eigenen Meinungen und Ansichten hat der Buddha als das größte Hindernis für die Erleuchtung beschrieben, weil nämlich Erleuchtung genau das Gegenteil von eigenen Meinungen und Ansichten ist. Aber natürlich ist es nicht so einfach. Wenn wir diese eigenen Meinungen und Ansichten vertreten wollen, dann sehen wir nichts anderes. Daher ist es in der Kontemplation und auch in der Meditation möglich, diese Hindernisse beim Namen zu nennen. Es ist hilfreich, weil wir nämlich objektiv neben uns stehen und uns einmal als ein Übungsobjekt betrachten.

Diese fünf Hindernisse im Geist zu erkennen, ist nicht nur bei der Meditation von äußerster Wichtigkeit, sondern auch im täglichen Leben. Denn nur dann können wir das Unheilsame mit dem Heilsamen ersetzen. Von daher ist das Etikettieren, wenn der Geist nicht konzentriert ist, eines der wichtigsten Hilfsmittel, die wir überhaupt benutzen können. Dabei stellen wir fest, was in uns vorgeht. Wie stark sind wir nur mit uns selbst beschäftigt? Sehen wir überhaupt noch den Rest der Welt, oder sind das nur Kulissen? Es ist sehr hilfreich, das durch die Meditation zu erlernen, aber im täglichen Leben dann auch weiterzuführen.

IV
Heilsame Gefühle und Gedanken entfalten

F: Bitte sage etwas über Dankbarkeit. Woher kommt dieses Gefühl? Wie können wir Dankbarkeit auf unserem Weg benutzen? Was können wir tun, um sie nicht zu verlieren, sondern sie zu entwickeln?
A: Woher dieses Gefühl kommt, ist wohl nicht zu beantworten. Es kommt – wie die Liebe – aus einem geläuterten Herzen, das die Schönheit und die Hilfe, die wir bekommen, anerkennt und nicht als selbstverständlich ansieht. Im Allgemeinen betrachten wir die Dinge, die uns am Leben erhalten und unterstützen, als selbstverständlich und wir glauben sogar, dass wir ein Anrecht darauf haben. Sollten wir dann einmal irgendetwas, wovon wir glauben, es sei unser Recht zu haben, nicht bekommen, dann sind wir sehr oft außer uns darüber, statt dankbar zu sein für alles, was wir bekommen. Es ist ein Teil der Läuterung des Herzens und der Einsicht, dass wir auf überhaupt nichts ein Anrecht haben und dass wir uns sehr häufig gegen Dinge auflehnen, die geschehen, und dadurch unser Leben erschweren. Wenn wir es jedoch erleichtern wollen, dann können wir dankbar sein für die Dinge, die da sind. Um Dankbarkeit zu entwickeln, ist es sehr wichtig, uns einmal vor Augen zu halten, was alles Schönes in unserem Leben existiert, nicht nur die Dinge, die ganz außergewöhnlich sind, sondern das ganz Gewöhnliche. Zum Beispiel empfin-

den die meisten Menschen, die gesund sind, überhaupt keine Dankbarkeit für ihre Gesundheit. Sind wir jedoch krank gewesen, dann sind wir äußerst dankbar, wenn wir wieder gesund geworden sind. Wenn wir keine Schmerzen haben, sind wir auch nicht dankbar dafür, keine Schmerzen zu haben. Haben wir jedoch welche gehabt, dann sieht es ganz anders aus. Es ist aber die Fähigkeit des Geistes, das zu sehen, was wir im Allgemeinen übersehen. Dankbarkeit ist sehr häufig ein Zugang zur konzentrierten Meditation. Wenn das Herz überquillt vor Dankbarkeit, ist es offen, weich und hingebend, was für die Meditation notwendig ist. Erst wenn wir uns hingeben können, können wir Konzentration erleben. So kann Dankbarkeit sehr hilfreich sein und ist es auch immer, wenn sie wirklich hochkommt.

F: Um nicht einer negativen Geistesstimmung zu verfallen, bemühe ich mich, Dankbarkeit zu üben. Und es gibt viele Gründe, dankbar zu sein. Unterschwellig ist dieses Gefühl aber oft mit festhalten wollen verbunden und somit mit Angst, es zu verlieren oder Widerstand gegen die Vergänglichkeit von all den günstigen Umständen, beispielsweise hier beim Kurs im Buddha-Haus. Somit ist natürlich Gelegenheit, *Dukkha* zu beobachten. Intellektuell ist es mir klar, dass sich alles verändert, doch das „Ich" möchte das nicht wahrhaben. Kannst du Tipps geben, welche Kontemplationen dafür hilfreich sein können, um diesen Widerstand und das Festhalten zu verringern? Könnte es Kontemplation über die Vergänglichkeit oder den Tod sein oder was sonst?
A: Das Interessante an dieser Frage ist, dass sie selbst beantwortet wurde, denn genau so ist es. Kontempla-

tion über die Vergänglichkeit bedeutet zu erkennen, dass jeder Atemzug oder jede Sekunde vergänglich ist. Ich empfehle immer, sich eine Digitaluhr anzuschauen, wenn uns die Vergänglichkeit noch nicht bewusst geworden ist. Jede Sekunde läuft wie mit dem Wind davon und ist nie wieder zurückzuholen. Wenn wir uns gegen die Vergänglichkeit stellen, dann lehnen wir die Naturgesetze ab, anstatt mit ihnen zu leben. Wenn wir nicht mit den Naturgesetzen leben, machen wir uns das Leben äußerst schwer. Wir sind die Naturgesetze, und die Naturgesetze sind um uns herum. Wenn wir nicht mit ihnen leben können, wie können wir dann wirklich leben? Doch nur, indem wir sie entweder völlig ignorieren, und wenn sie sich aufdrängen, versuchen, sie zu verdrängen, oder sie als Tragödien zu bezeichnen oder aber ständig mit den Dingen zu hadern. Wenn wir mit den Naturgesetzen leben, dann können wir mit ihnen fließen und in Harmonie leben. Die Kontemplation über die Vergänglichkeit ist also ein ganz wichtiger Punkt und jeder Atemzug ist dafür gut geeignet, ebenso jeder Schritt bei der Gehmeditation. Jeder Gedanke, der hochkommt, ist dafür geeignet, ebenso jedes Gefühl, jede Sekunde, die wir auf der Uhr sehen, ist dafür geeignet, jeder Tag von morgens bis abends ebenso. Jedes Geschehen ist für die Kontemplation über die Vergänglichkeit geeignet. Wir erleben die Vergänglichkeit ständig, aber das Erkennen fehlt uns. Wir haben kein erkanntes Erleben, sondern wir erleben ohne zu erkennen. Weil es eine Kontinuität gibt, erkennen wir die Vergänglichkeit nicht. Jedem Atemzug folgt ein neuer; jedem Gedanken, wenn er noch so abschweifend und absurd ist, folgt ein neuer; jeder Sekunde folgt die nächste.

Oft wollen wir auch nichts von unserem eigenen Tod wissen. Das bedeutet, dass es auch sehr hilfreich ist, täglich den eigenen Tod zu betrachten. Wenn wir mit dem eigenen Tod zu Rande gekommen sind, dann dürfte uns wohl die Vergänglichkeit nichts mehr ausmachen. Bis dahin ist die Vergänglichkeit vielleicht doch etwas, was uns negativ werden lässt. Dass wir an Dingen anhaften und die Vergänglichkeit nicht wahrhaben wollen, können wir jedoch ändern. Wenn wir beispielsweise – wie in dieser Frage angesprochen – an einer Situation haften, so führt nichts anderes zum Erfolg als das Positive dieser Situation, die wir außen um uns herum erleben, in uns zu verankern. Dann brauchen wir nicht an der äußeren Situation festzuhalten.

F: Was ist Demut und wie kann ich sie erlernen?
A: Demut kommt aus Einsicht, aber auch aus Liebe und Vertrauen. Liebe zu einem hohen Ideal und Vertrauen in das höchste Ideal, bei dem wir erkennen, dass wir selbst ja diesem Ideal noch nicht entsprechen. Dazu gehört die Einsicht, dass der Glaube an eine eigene Identität ja nichts anderes ist als eine Idee, sodass wir uns selbst nicht mehr ganz so wichtig nehmen müssen. Ja, Demut können wir schon erlernen, aber wir müssen es üben. Alles, was wir gelernt haben, haben wir einmal geübt!

F: Bitte erkläre Demut. Und wenn ich sie erworben habe, wie soll und darf ich mit ihr umgehen?
A: Demut braucht Mut, wie das Wort schon deutlich ausdrückt. Der Mut in der Demut bedeutet, sich selbst nicht als mehr oder weniger als andere zu empfinden, sondern sich in allem Geschehen, in der ganzen Existenz, in der

ganzen Schöpfung eingebettet zu fühlen. Das bedeutet, dass wir vielleicht schon etwas weniger von der Ich-Illusion in uns tragen und sie etwas ins Wanken gebracht haben. Wenn wir Demut haben, brauchen wir nicht speziell mir ihr umzugehen. Alles, was wir im Inneren tragen, manifestieren wir im Außen. Dagegen können wir gar nichts tun. Ich erzähle bei dieser Gelegenheit immer, dass statistisch festgestellt wurde, dass Worte nur sieben Prozent unserer Kommunikation ausmachen. 93 Prozent unserer Kommunikation sind das, was wir sind, und nicht das, was wir wissen oder was wir nicht wissen, nicht das, was wir gern hätten, nicht wie wir glauben, dass die anderen uns anschauen sollten, uns anerkennen sollten, sondern was wir effektiv sind. Wenn bei diesen 93 Prozent Demut dabei ist, dann zeigt sie sich auch. Es sind sozusagen die Schwingungen, die von einem Menschen ausgehen und ganz deutlich zu spüren sind. Es sind nicht die Worte, sondern das, was hinter den Worten steht.

F: Ich hatte in meiner Berufsausbildung einen für mich wegweisenden Lehrer, der mir Zugang zu einer ganz neuen, wunderbaren Sicht verschaffte. Noch heute entwickeln sich diese Lehren in mir weiter. Ich empfinde für diesen Menschen große Achtung. Diesen Begriff Achtung würde ich für mich statt des Begriffs Demut verwenden. Mich in Achtung verbeugen würde ich gerne, aber mit Demut habe ich Schwierigkeiten. Sie beinhaltet für mich etwas Niedrigeres im negativen Sinn.
A: Das ist ein Denkfehler, der nicht ungewöhnlich ist. Demut steht bei uns nicht hoch im Kurs, stattdessen ist Selbstbehauptung hoch angesehen. Und bei Selbstbe-

hauptung können wir auch Achtung für andere haben. Achtung ist ebenso ein sehr wichtiges Gefühl und hat mit Hochachtung, Verehrung und Respekt zu tun, was alles bedeutend ist. Aber Demut sollten wir auf dem spirituellen Pfad lernen. Jedoch ist die Demut im Allgemeinen nicht sehr anerkannt und wird sehr oft verwechselt mit minderwertig sein, aber die beiden haben nichts gemeinsam. Demütig sein bedeutet, dass wir unserer eigenen Wichtigkeit nicht mehr ganz so viel Wert beimessen, dass wir bereit sind, uns selbst loszulassen. Und das ist der eigentliche Zweck sowie das Ziel eines jeden spirituellen Pfades. Wir alle kennen den Ausspruch: „Nicht mein Wille geschehe, sondern dein Wille." Das ist der Weg der Spiritualität, aber er ist auch schwierig, das ist gar keine Frage.

F: Da ich trotz geliebter Menschen nicht immer Zugang zu dem Gefühl der Liebe in meinem Herzen habe, versuche ich das Gefühl zu denken. Weißt du einen besseren Weg, um wirklich Liebe im Herzen aufkommen zu lassen?
A: Also, Liebe zu denken ist ein Weg, denn denken ist ein Sinneskontakt, aus dem allmählich die Gefühle entstehen. Denken wir etwas oft genug, dann kommt das Gefühl auch mit der Zeit. Als zweite Möglichkeit können wir täglich immer wieder mit allen Menschen, mit denen wir zusammentreffen, praktizieren und üben. Wenn wir das Gefühl nicht empfinden können, dann denken wir bei jedem Menschen daran. Mit der Zeit wird sich der Geist daran so gewöhnen, dass das Gefühl auch hinterherkommt.

F: Warum fällt es mir bei einigen Menschen viel leichter, Liebe oder Mitgefühl zu empfinden? Und bei anderen Menschen spüre ich ohne ersichtlichen Grund, manchmal sogar ohne mit ihnen gesprochen zu haben, eine Barriere oder Ablehnung. Ein Beispiel: Bei meiner Arbeit mit Kindern gibt es solche, die ich herzen und liebhaben kann, auch wenn sie mich ärgern oder meine eigene Eitelkeit ankratzen, und andere, bei denen ich ganz starken Widerstand spüre, sogar, und das ist besonders schlimm und macht mir ein schlechtes Gewissen, wenn sie meine Nähe und Liebe suchen. Das ist ein sehr unangenehmes Gefühl, wenn sich bei mir selbst eine Leere oder Ablehnung gegen Menschen zeigt oder ich ein Herz aus Stein habe, die sich dann ausgerechnet in ihrer Suche nach Anerkennung oder Liebe und Geborgenheit an mich wenden. Wenn es Stolz oder Hochmut wäre, so ist der Preis Schuld oder Unfähigkeitsgefühl. Eines zumindest hat mich das Erkennen meiner eigenen Blockaden gelehrt, nämlich wie es sich anfühlt, wenn ich selbst nichts oder etwas Unangenehmes fühle, ohne einen anderen dafür verantwortlich machen zu können. Warum aber ist es so unterschiedlich, was ich fühle, wie ich mich fühle und wie ich reagiere oder eben nicht reagiere?
A: Zur Erziehung des eigenen Herzens, sodass diese Schwankungen des Herzens eines Tages nicht mehr kommen oder so schnell fallen gelassen werden können, dass sie nichts hinterlassen, gehört wirklich eine große Bemühung. Es geht um die Herzenserziehung, die nicht so einfach ist. In der Buddhalehre müssen wir uns selbst erziehen, was wir können, wenn wir es nur wollen. Es ist erstaunlich, wie sehr Menschen sich mit ihrem *Dukkha* identifizieren und sich dadurch interessanter fühlen

als ohne das *Dukkha*, und es von daher nicht loslassen. Es ist eine ganz allgemeine Schwierigkeit, die so vielen Menschen zu Eigen ist, dass wir uns wundern müssen. Wozu machen wir uns selbst immer wieder unglücklich? Denn wir können uns ja umerziehen und müssen nicht so bleiben, wie wir sind. Wir alle tragen beides in uns, sowohl Hass als auch Liebe, denn wir werden mit sechs Wurzeln geboren, mit den drei Wurzeln des Heilsamen und den drei Wurzeln des Unheilsamen, die lauten: Hass, Gier und Verblendung. Die Heilsamen sind das Gegenteil davon: Liebe, Gebefreudigkeit und Weisheit. Es ist einzig und allein unsere eigene Wahl, inwieweit wir uns mit den drei unheilsamen oder den drei heilsamen Wurzeln abgeben. Diese Wahl zu treffen, bedeutet aber auch, dass wir loslassen können, anstatt uns mit den eigenen Gefühlen oder Ansichten zu identifizieren. Mit einem klaren Geist, der in der Meditation immer wieder geschärft wird, können wir in die Tiefe gehen und sehen, was heilsam und unheilsam ist. Wir sind liebevoll und auch nicht liebevoll, was ganz menschlich ist, aber wir haben immer die Möglichkeit, eine Wahl zu treffen. Diese Möglichkeit zu haben, ist ein herrliches Gefühl der Freiheit, der Unabhängigkeit, der inneren Vergrößerung und Ausbreitung. Alles hängt von unserem Geist ab. Wir sind das, was unser Geist hervorbringt: Jeder Unsinn und auch jede Weisheit.

F: Liebende Güte für mich selbst fällt mir oft sehr schwer. Dann husche ich weiter zu den von mir geliebten Menschen. Selbst einer neutralen Person gegenüber fällt es mir manchmal leichter, liebende Güte zu empfinden als mir selbst gegenüber. Gibt es dafür Hilfen und ist ohne

diese Basis, das Tiefergehen in der Meditation überhaupt sinnvoll?
A: Sinnvoll ist es immer, aber wahrscheinlich äußert schwierig. Ja, es gibt Hilfe. Dazu können wir das Gefühl der Liebe für den geliebten Menschen im Herzen einmal so manifestieren, dass es ganz deutlich ist, was nicht so schwierig ist. Und dann verbreiten wir dieses Gefühl in uns selbst, machen es immer wieder, bis es leichter wird. Es besteht zwischen den Menschen kein Unterschied, sie sind alle gleich, ob das nun der Mensch ist, den wir lieben, oder ob wir es selbst sind. Denn uns sollen wir ja ebenso lieben, auch wenn es etwas schwierig ist. Wieso ist es eigentlich schwierig, sich selbst zu lieben? Wahrscheinlich, weil wir uns zu gut kennen, aber auch das sollte kein Grund sein. Denn, wenn wir wirklich einmal die unpersönliche, bedingungslose Liebe erlernen, dann müssen wir sowieso alles, was nicht liebenswert ist an anderen, auch übersehen. Also können wir gleich damit anfangen, das, was an uns selbst nicht liebenswert ist, zu übersehen und die Liebe hochzubringen. Dass wir das dann vielleicht als unheilsam erkennen und ersetzen können, steht auf einem anderen Blatt. Wenn wir wirklich lieben wollen, dann müssen wir auch das lieben, was gerade vorliegt. Nicht nur das, was wir gerne hätten, sondern das, was gerade da ist. Das Tiefergehen in der Meditation beruht auf Hingabe. Wer leichter lieben kann, kann sich leichter hingeben, das heißt, es fällt ihm leichter, konzentriert zu werden. Wer es damit nicht so leicht hat, bei dem dauert es einfach länger, weiter gar nichts, denn alles ist nur eine Zeitfrage.

F: Was ist denn unter Liebe zu verstehen, zum Beispiel unter der Liebe zu einem anderen Menschen? Mir wird bewusst, dass bei mir da ganz viel Tendenz zum Anhaften besteht. Aber was ist es denn?
A: Ich weiß nicht genau, was mit dem „es“ gemeint ist, aber ich weiß was mit dem anderen gemeint ist. Die Liebe, die wir zwischen zwei Personen kennen, ist eine Anziehung, die immer mit Anhaften verbunden ist. Hass wird der ferne Feind von Liebe genannt und Anhaften ist der nahe Feind, weil es so aussieht, als wäre es schon das Richtige. Aber in Wirklichkeit ist es personenbezogen und deshalb ist es ständig mit Angst durchsetzt und Angst ist Hass. Das bedeutet nicht, dass wir die Menschen hassen. Das bedeutet, dass wir die Idee hassen, diese Menschen verlieren zu können. Jede Mutter kennt dieses Gefühl in- und auswendig, vor allem solange ihre Kinder noch klein sind. Dann ist da die ewige Angst, es könne ihnen etwas passieren. Ebenso verhält es sich in einer Zweierbeziehung. Diese Angst, die also Ablehnung der bestehenden Möglichkeiten des Verlustes ist und die jeder kennt, macht natürlich die Liebe nicht zur reinen Liebe. Vor allen Dingen haben wir dadurch auch eine ganz große Begrenzung, denn wir fixieren uns auf eine, zwei oder drei Personen. Wir können aber diese Art der Liebe als einen Samen benutzen, wenn wir verstehen, worum es geht. Diesen Samen säen wir, indem wir erkennen, was es bedeutet, uns einem anderen Menschen hinzugeben. Wenn wir das als ein Samenbeet benutzen, dann haben wir die Möglichkeit, es wachsen und gedeihen zu lassen, sodass das Gefühl der Liebe dann unpersönlich und bedingungslos werden kann. Das hat nichts damit zu tun, ob jemand von uns geliebt werden will. Es hat überhaupt

nichts damit zu tun, ob uns jemand wiederliebt. Es hat noch nicht einmal etwas damit zu tun, ob ein anderer liebenswert ist. Es ist einzig und allein die Fähigkeit unseres eigenen Herzens, Liebe zu empfinden und zu verschenken.

F: Wie ist es möglich, einen Mörder als besten Freund zu sehen?
A: Dazu möchte ich vorschlagen, das etwas realistischer zu handhaben und erst einmal denjenigen, der neben dir sitzt und den du vielleicht noch nie vorher im Leben gesehen hast, als besten Freund zu sehen. Und danach vielleicht einmal die Menschen, mit denen du zusammenlebst und an denen du manchmal etwas auszusetzen hast, als beste Freunde ansehen. Dann vielleicht die Menschen, mit denen du zusammenarbeitest und die dir eventuell auch nicht passen, als beste Freunde betrachten. Und vielleicht auch die Menschen, die du im täglichen Leben triffst, als beste Freunde ansehen. Vielleicht können wir einmal auf einer realistischen Ebene dieses Liebes- und Freundschaftsgefühl so entwickeln, dass es wirklich einen Sinn ergibt. Haben wir das alles erledigt, dann können wir uns auch einem Mörder zuwenden. Aber wir können nur da anfangen, wo es wirklich bedeutsam ist: bei uns selbst und bei den Menschen, mit denen wir ständig zusammen sind. Verhalten wir uns bei den Menschen, mit denen wir ständig zusammen sind, wirklich wie der beste Freund oder sind wir oft auch rücksichtslos oder selbstbezogen oder vergessen sogar, dass da noch jemand ist? Wir beginnen nicht am anderen Ende, an dem es sehr schwierig ist, sondern da, wo es wirklich bedeutsam ist. Haben wir das alles hinter uns gebracht,

was bei den meisten Menschen einige Jahre dauert, denn das geht nicht von heute auf morgen, dann können wir uns um so jemanden wie einen Mörder kümmern. Das funktioniert dann auch und ist nicht mehr schwierig, aber erst, nachdem das andere erledigt ist.

F: Wenn ich manche Menschen, wie in meinem Fall die Eltern, nicht so einfach lieben kann, weil sie mir in der Vergangenheit Schlimmes zugefügt haben, Gewalt in verschiedenen Formen, gibt es da eine Hilfe, so eine Art Übergangsstadium, das mich in meinem Bedürfnis, umfassende Liebesfähigkeit zu entwickeln, unterstützen kann?
A: Ein fast immer hilfreiches Übergangsstadium ist, das *Dukkha* der anderen Menschen zu erkennen. Und wenn wir das eigene Mitgefühl für uns selbst schon zur Blüte und Entfaltung gebracht haben, dann entfalten wir dasselbe Mitgefühl für das *Dukkha* des anderen. Von Mitgefühl kommen Verständnis, Akzeptanz und Toleranz und dann kommt auch die Möglichkeit des lieben könnens. Es gibt keinen Menschen, der kein *Dukkha* hat. Aurelius Augustinus, einer der ersten Kirchenväter, hat interessanterweise gesagt, dass jeder Mensch nach Glück suche. Manche Menschen suchen das Glück im Guten und manche suchen das Glück im Bösen, aber alle suchen nach Glück. Wenn wir Verständnis dafür haben, dann können wir auch Mitgefühl dafür entwickeln, was oft ein sehr effektives Zwischenstadium ist.

F: Wie kann ich die Menschen lieben, wenn es jemand wie Hitler, Stalin, Ghaddafi und andere Tyrannen gegeben hat und gibt, Menschen, die Kinder umbringen? Es fällt mir schwer, alle diese Menschen in die Liebende-Güte-Meditation mit einzuschließen.

A: Das ist genau die Arbeit, die wir vor uns haben, aber ich würde nicht damit anfangen, sondern erst einmal mit den Menschen beginnen, mit denen wir zusammenleben. Dann mit den Menschen weiterüben, mit denen wir zusammenarbeiten, und dann die Eltern einbeziehen. Solange die Beziehung zu den Eltern nicht bereinigt ist, ist eine Liebesfähigkeit kaum denkbar. Dazu kommt noch, dass wir uns daran erinnern müssen, dass wir uns die eigenen Eltern selbst ausgesucht haben, weil wir genau die Lernsituation, die wir dort bekommen haben, gebraucht haben. Es waren unsere Bewusstseinsebenen, die uns zu unseren Eltern geführt haben. Vielleicht können wir mit dieser Erkenntnis die Sache besser handhaben. Wenn wir *Karma* verstehen, und eines Tages müssen wir es einmal verstehen, dann übernehmen wir Verantwortung für alles, was uns geschieht. Diese Selbstverantwortung ist keine Bürde, sondern eine große Erleichterung, denn wir müssen niemanden mehr beschuldigen und niemand tut etwas, was nicht sowieso von uns in die Wege geleitet wurde. Dass wir nicht wissen, was wir in die Wege geleitet haben, ist klar, denn es ist unmöglich, alle unsere *karmischen* Zusammenhänge zu kennen. Menschen, die Tyrannen sind und Schlechtes tun, und es ist erst etwas über 50 Jahre her, dass es hier in diesem Land geschehen ist, haben auch ihr Glück gesucht, nur an der falschen Stelle. Wir müssen einmal untersuchen, ob wir selbst unser Glück auf der richtigen Ebene suchen. Ich meine damit nicht, dass wir Kinder umbringen, denn wir wären nicht hier in einem Meditationskurs, wenn wir das gemacht hätten, aber suchen wir unser Glück wirklich auf der richtigen Ebene? Machen wir von morgens bis abends das, was unser Herz und damit auch andere beglückt? Das ist eine sehr wichtige Untersuchung. Diese Menschen brauchen von uns natürlich auch starkes Mitgefühl, denn der Täter wird das Opfer und das Opfer wird sehr oft der Täter. Aber erst einmal müssen wir bei uns zu Hause anfangen mit der liebenden Güte.

F: Ist in der Buddhalehre Mitgefühl und Mitleid dasselbe, denn in beiden Fällen nehmen wir selbst ja Anteil an der anderen Person?
A: Mitleid wird der nahe Feind genannt, weil er so ähnlich ist wie das echte Gefühl des Mitgefühls. Mitleid sagt in der deutschen Sprache ganz deutlich, was da geschieht: Wir leiden mit. Das heißt, wir haben statt einem, der *Dukkha* hat, gleich zwei, was nicht hilfreich ist. Wir sollten erkennen, dass wir durch Mitgefühl *Dukkha* vermindern, anstatt zu verdoppeln. Mitleid ist außerdem sehr häufig ein Gefühl der Separierung, des Andersseins und kann sehr leicht ausarten in das Gefühl, dass uns das Leiden eines anderes zwar sehr Leid tut, aber wir zum Glück nicht selbst betroffen sind. Mitgefühl ist mit dabei sein und durch eigene Untersuchung genau wissen, wie es sich anfühlt.

F: Ist Selbstmitleid unheilsam? Bitte erläutere das noch einmal. Und wie steht dieses Gefühl zum Mitgefühl?
F: Eine Frage zum Unterschied von Mitleid und Mitgefühl. Können wir sagen, dass beiden gemeinsam ist, dass wir den anderen verstehen, weil wir den Kummer, das *Dukkha* schon selbst erlebt haben? Der Unterschied besteht aber in dem Verständnis von *Dukkha*. Beim

Mitleid haben wir ein Gefühl von Trauer, weil wir das *Dukkha* ablehnen, beim Mitgefühl haben wir ein Gefühl von Wärme und Liebe, weil wir es so akzeptieren, wie es eben ist, als Teil der Existenz.
A: Das ist eine sehr gute Erklärung, auch für das Malheur von Selbstmitleid. Selbstmitleid ist eine Emotion, die sehr leicht zu Depression führt, wenn wir uns nicht von ihr lösen können, denn es wird immer schlimmer und schlimmer. Mitleid ist der nahe Feind von Mitgefühl. Er ist nah, weil es sich so ähnlich anfühlt und auch so ähnlich erscheint. Aber er ist ein Feind, weil er nämlich zwei Menschen *Dukkha* bringt, demjenigen, dem es schlecht geht, und dem, der mitleidet, also haben wir in diesem Fall Doppel*dukkha*. Wohingegen Mitgefühl, wie ganz richtig gesagt wird, Wärme und Liebe in sich trägt, und wenn wir schon uns selbst helfen konnten, dann können wir auch einem anderen helfen. Das ist der große Unterschied zwischen Mitleid und Mitgefühl. *Dukkha* wird übrigens auch sehr häufig in den Schriften falsch übersetzt.

F: In der Liebenden-Güte-Meditation, die das Mitgefühl als Inhalt hat, habe ich jedes Mal Probleme bei dem Empfinden von Mitgefühl für Menschen, die zum Beispiel ideologisch oder aus religiösem Fanatismus sich auf der Ebene von Höllenwesen bewegen. Ich verstehe, was Buddha gesagt hat: „Manche kommen aus dem Licht und gehen ins Dunkel, manche kommen aus dem Dunkel und gehen ins Dunkle zurück." Dies ist für mich die einzige Möglichkeit, diese Menschen in einer viel weiteren Sicht zu verstehen, aber ich kann sie nicht akzeptieren. Könntest du mir bitte sagen, wie ich vielleicht leichteren

Zugang zu diesem sehr schwierigen Punkt in der Meditation über das Mitgefühl finden könnte?
A: Der wichtigste Punkt, der dir dabei helfen kann, ist das Verstehen von *Karma* und seinen Resultaten. Wir sind nicht dazu angehalten worden, Richter zu sein, zu be- oder verurteilen. *Karma* bringt seine eigenen Resultate, was unvermeidlich ist. Das heißt also, wenn jemand Schlechtes tut, kann er nur Schlechtes ernten. „Wie du säst, sollst du ernten!" Wenn wir im Garten Karotten säen, bekommen wir keine Tomaten. Wenn wir Schlechtes säen, können wir nichts Gutes ernten. Es steht uns nicht zu, Menschen zu verurteilen. Im Gegenteil, wenn sich jemand wie ein Höllenwesen benimmt – was hier angesprochen wird – ist Mitgefühl überhaupt die einzige Möglichkeit, diesem Menschen gegenüberzutreten, denn er hat ja eine fürchterliche Zukunft vor sich. An sich dürfte es gar nicht schwierig sein. Es ist nur dann schwierig, wenn wir unseren eigenen Gedanken glauben und meinen, dass wir verurteilen sollten. Der Satz, der dazu immer passt, lautet: Wir lieben nicht das Verbrechen, aber deswegen können wir trotzdem den Verbrecher lieben. Wir verstehen, dass ein Verbrechen begangen worden ist, aber der Verbrecher hat sich sein eigenes Unheil geschaffen.

Außerdem gehört dazu, dass wir dabei sind, unser eigenes Herz zu läutern. Und Ablehnung ist das genaue Gegenteil der Herzensläuterung. Wenn es eine besonders schwierige, schwer zu akzeptierende Situation ist, sollten wir dankbar dafür sein, denn nur so lernen wir es. Das Leichte akzeptieren kann jeder. Wenn irgendjemand einmal einen Fehler begeht, dann ist es nicht so schwierig, das zu akzeptieren. Im Prinzip ist es so, dass *Dukkha* unser bester Lehrer ist und der Einzige, auf den wir uns verlassen können, der immer wiederkommt und immer bei uns bleibt, und von dem wir so viel lernen können, wenn wir wollen. Wenn wir natürlich diesen Lehrer ablehnen, dann können wir nichts von ihm lernen.

Die Menschen, die also höllisches *Karma* machen, verbreiten *Dukkha* um sich. Was ist mit dem Mitgefühl im eigenen Herzen: Hat man selbst *Dukkha* zu spüren bekommen und ist darum nicht akzeptierend? Oder aber ist es möglich, Mitgefühl zu haben mit den Menschen, die das *Dukkha* erlitten haben, aber nicht mit den Menschen, die das *Dukkha* ausgeteilt haben? Wieso? Wir waren alle schon so viele Male hier. Der, der *Dukkha* erlebt, hat zu anderen Zeiten *Dukkha* ausgeteilt. Der, der *Dukkha* austeilt, hat zu anderen Zeiten *Dukkha* erlebt. Eine universelle Sicht ist die einzige Möglichkeit: Alles ändert sich, alles bewegt sich, alles dreht sich. Wieso fixieren wir uns auf eine Sache, die sich auch andauernd ändert? Das geht gegen unsere eigene Herzensreinheit und gegen unseren Herzensfrieden. Es ist also nicht sehr weise, gegen unseren eigenen Herzensfrieden und gegen die eigene Herzenswärme zu kämpfen. Wozu? Es ist viel besser, immer wieder zu versuchen, diese Herzensqualitäten in uns hochzubringen, sie zu kultivieren und zu vergrößern. Wenn wir das im Auge behalten und vor allen Dingen daran denken, dass wir der Eigentümer unseres *Karma* sind, dann müssen wir diesen Menschen, der schlechtes *Karma* gemacht hat, nicht ablehnen. Es ist eigentlich nichts anderes, als die eigenen Hassgefühle irgendwo abzuladen, und es scheint ja vollkommen gerechtfertigt zu sein. Wozu? Das Wichtigste ist, die eigenen Hassgefühle in etwas anderes umzuwandeln. Dazu benötigen wir Übung, wir müssen es immer wieder tun, weil es nicht von alleine geht und es geht im Allgemeinen nicht schnell, aber es ist möglich.

F: Wenn mein Herz so offen ist, spüre ich zeitweise das Leid in der Welt sehr stark. Wie kann ich damit umgehen?
A: Das Leid in der Welt ist eine Tatsache und der nahe Feind von Mitgefühl ist Mitleid. Wir sind nicht aufgefordert mitzuleiden, denn dann gibt es noch einen Leidenden. Wir sind aufgefordert, das Leid zu erkennen und zu wissen, dass wir es transzendieren können und mit den Menschen, von denen wir wissen, von denen wir vielleicht erfahren haben, dass sie leiden, Mitgefühl zu haben. Mitgefühl für die Schwierigkeiten, die wir schon in uns selbst erkannt haben und in ihnen erkennen und vielleicht, wenn wir in der Lage sind, ihnen hilfreich zur Seite stehen. Aber mitleiden bedeutet Doppel*dukkha*. Wir brauchen es nicht zu verdoppeln, denn es genügt schon so, wie es ist.

F: Du sagst, wir sollten Liebe und Mitgefühl verschenken. Ich habe geglaubt, dass ich das einem älteren Menschen gebe, fühlte mich jedoch mehr und mehr zu sehr gefordert und unter Druck. Jetzt stelle ich fest, dass ich wahrscheinlich aus Pflichtgefühl heraus handle, obwohl ich glaube, diesen älteren Menschen zu lieben, und doch ist mein Herz verschlossen. Wie kann ich Pflichtgefühl in Mitgefühl und Liebe umwandeln?
A: Ich glaube nicht, dass es nötig ist, das umzuwandeln, denn diese Gefühle können alle nebeneinander bestehen. Ein Pflichtgefühl kann zusammen mit Liebe und

Mitgefühl bestehen. Mitgefühl lässt sich am einfachsten erkennen, weil wir unser eigenes *Dukkha* kennen. Sollte diesem älteren Menschen, dem da geholfen wird, das Alter Schwierigkeiten bereiten, wie das ja sehr häufig der Fall ist, dann müssen wir uns daran erinnern, dass wir selbst wahrscheinlich den gleichen Schwierigkeiten auch entgegensehen. Denn wenn wir nicht alt werden wollen, müssen wir jung sterben. Und so können wir vielleicht daraus entnehmen, dass diese Hilfestellung aus Mitgefühl geschieht, weil wir wissen, dass Altern *Dukkha* ist. Daher ist da nicht nur Pflichtgefühl vorhanden, sondern auch Mitgefühl. Liebe ist dann schon wieder ein Schritt weiter. Menschen zu lieben, nur weil es sich darum handelt, die Liebesfähigkeit im Herzen zu entwickeln, ist nicht ganz so einfach. Da müssen wir schon geübt haben, und wenn es überhaupt nicht gelingt, so genügt auch Mitgefühl. Mitgefühl ist sehr hilfreich in menschlichen Beziehungen. Wenn die Wärme des Herzens als Liebe nicht vorhanden ist, dann kann sie sehr leicht aus Mitgefühl entstehen. Mitgefühl ist immer nur möglich, wenn wir unser eigenes *Dukkha* erkannt haben und wissen, was es bedeutet, Mensch zu sein und Mitgefühl für uns selbst haben. Im Allgemeinen ist das in unserer Gesellschaft nicht so hoch angeschrieben, Pflichtgefühl wird mehr gewertet. Aber beides zusammen ist eine sehr gute Kombination.

F: In der Meditation bin ich mit vielen negativen, abgrenzenden und abwertenden Gedanken beschäftigt. All meine Versuche, mich für die Liebe und das Vertrauen zu öffnen, sind nur von kurzer Dauer erfolgreich. Was kann mir für diese Öffnung in der Meditation und in

meinem Leben helfen? Worauf kann ich mein Vertrauen richten?
A: Vertrauen ist ein Gefühl der Sicherheit und, obwohl wir vielleicht noch gar keinen Beweis dafür haben, ruht in uns selbst das Wissen, dass es ein viel höheres Ideal als das gewöhnliche Menschsein gibt. Vertrauen bedeutet zu wissen, dass es wirklich etwas gibt, das viel reiner und voll Lauterkeit ist, wenn der Mensch sich selbst überwindet. Der Buddha hat gesagt, derjenige der tausendmal tausend Armeen besiege, sei nichts verglichen mit demjenigen, der sich selbst besiegt. Vertrauen in die eigene Fähigkeit und Vertrauen in das transzendierende Gute, das über der menschlichen Problematik liegt. Das Vertrauen muss Liebe in sich tragen und wir können diesen Pfad überhaupt nur gehen, wenn wir ihn lieben. Ansonsten werden wir andauernd abgelenkt, was wahrscheinlich jeder schon festgestellt hat. Die Ablenkungen sind meistens stärker als die Fähigkeit, dabei zu bleiben. Wir können nur dann einen spirituellen Pfad wirklich verfolgen, wenn sowohl Herz als auch Geist mitmachen. Der Geist, der versteht, worum es geht, und das Herz, das liebt, was es üben soll. Nur dann, wenn wir Herz und Geist in uns vereinen, haben wir die Möglichkeit, wirklich mit beiden Beinen fest auf dem Pfad zu stehen und ihn zu gehen. Selbst kurze Phasen von Liebe und Vertrauen sind bereits erfolgreich, und weiteres Üben verlängert diese kurze Dauer. Es ist unmöglich, das an einem Tag zu können. Wir sollten sehr zufrieden sein, wenn es schon für kurze Zeit möglich ist. Vor allen Dingen kann auch dabei hilfreich sein zu untersuchen, unter welchen Umständen und mit welchen Gedankenformationen es uns möglich ist, Liebe und Vertrauen zu

entwickeln. Dann finden wir den Auslöser dafür, sodass wir ihn wieder benutzen können und jedes Mal, wenn Vertrauen und Liebe verloren gehen, wenden wir uns dann dort wieder hin.

F: Hingabe und Vertrauen: Wie mache ich das? Bekomme ich es, wenn es nicht vorhanden ist?
A: Das ist ein falscher Zugang zu dieser Frage. Hingabe und Vertrauen sind in jedem Menschen vorhanden. Wir könnten nicht etwas in uns zur Blüte bringen, wenn keine Samen vorhanden wären. Die Erleuchtung ist in jedem vorhanden, sonst könnte sie niemals geschehen. Liebe ist in jedem vorhanden, sonst könnte sie nie empfunden werden. Wie sollte sich das, was überhaupt nicht existiert, entwickeln können? Wenn wir in unserem Garten keinen einzigen Samen säen, was soll dann dort wachsen, außer vielleicht Unkraut? Selbst diese Samen wurden auch gesät. Alles existiert in uns: das Höchste und das Niedrigste. Es kommt nur darauf an, was wir wählen und womit wir uns beschäftigen wollen. Wenn wir uns mit Hingabe und Vertrauen beschäftigen, dann sind wir in der Lage, das zu erwecken. Es gibt Menschen, bei denen es einfacher ist, und es gibt Menschen, denen es schwerer fällt. Sowohl Vertrauen als auch Hingabe haben mit Liebe zu tun. Wenn ein Mensch seine Liebesfähigkeit, die jeder hat, bereits entwickelt hat, so fallen ihm Hingabe und Vertrauen leichter. Wenn ein Mensch die Liebesfähigkeit, die er in sich trägt, überhaupt noch nicht oder nur wenig beachtet hat, so fallen sowohl Hingabe als auch Vertrauen schwerer. Es ist ein Übungsprozess. Liebe ist erlernbar, aber dazu müssen wir üben. Ebenso müssen wir Hingabe und Vertrauen üben. Immer wieder

üben, etwas anderes hilft überhaupt nicht. Übung bringt Fortschritt und keine Übung hat genau das Gegenteil zur Folge: Es ist ein Weg zurück, denn wir bleiben nie stehen. Wir können uns einmal vernünftig und logisch selbst erklären, worin wir eigentlich Vertrauen haben können und wem oder was wir uns hingeben können. Wenn wir das untersucht haben, dann beschäftigen wir uns damit. Denn womit der Geist sich beschäftigt, das werden wir. Wir alle tragen das höchste Potenzial in uns. Aber wenn wir uns mit Dingen beschäftigen, die auf einer niedrigeren Ebene liegen, dann bleibt der Geist dort. Es kommt ganz darauf an, womit wir uns beschäftigen und was uns wichtig erscheint. Im Allgemeinen sind wir geprägt von der Wichtigkeit der Welt, die ein Konkurrenzunternehmen ist, das nichts mit Hingabe und Vertrauen zu tun hat.

F: Oft ist meine erste innere Reaktion, wenn ich einen unheilsamen Gedanken habe, die ehrliche Bitte um Verzeihung. Ich bitte mich und denjenigen, auf den sich der Gedanke richtet, um Verzeihung. Erst dann versuche ich, den unheilsamen Gedanken durch einen heilsamen zu ersetzen. Kann ich das weiter so machen?
A: Ja, sehr gut, denn die Bitte um Verzeihung ist ja auch schon ersetzen. Damit ist ja der unheilsame Gedanke schon äußerst geschwächt, sodass es dann nicht mehr so schwierig sein wird, ihn mit etwas Besserem zu ersetzen. Es ist eine sehr gute und hilfreiche Methode, das zu tun.

F: Bei der Verzeihens-Meditation stoße ich immer wieder auf sehr dunkle Blockaden, speziell wenn es darum

geht, mir oder meinem Partner alte, tiefe Verletzungen zu verzeihen und damit auch loszulassen. Was kann ich tun, um absolut und aus vollem Herzen verzeihen zu können, endgültig und vorbehaltlos?
A: Ja, das benötigt einiges an innerer Arbeit. Verschiedene Dinge können uns dabei helfen: Erstens natürlich die Liebende-Güte-Meditation, besonders für den Partner, aber auch das Verstehen, dass diese Verletzungen geschehen sind, als wir selbst und der Partner noch andere waren. Diesem anderen, der wir vorher waren, sollten wir einmal aus der Sicht desjenigen, der wir heute sind, verzeihen. Damals, als wir vielleicht diese Verletzungen erlebt und auch zugefügt haben, war es uns vielleicht gar nicht klar, dass es viel besser wäre, wenn wir diese Verletzungen nicht zufügen würden und wenn wir die Verletzungen, die uns zugefügt wurden, nicht als Verletzungen betrachten. Heute ist es uns vielleicht klarer, dass derjenige, der verzeiht, nicht derjenige ist, dem verziehen werden soll. Es sind zwei ganz verschiedene Menschen, und wir können uns einmal rückblickend so betrachten, dass wir diesem Menschen aus der Vergangenheit, der also nicht so genau Bescheid wusste wie derjenige jetzt in der Gegenwart, das alles einmal vollkommen verzeihen. Und dann wissen wir, dass es absolut unnötig und sehr schädlich für uns selbst ist, wenn wir die Verletzungen, die uns zugefügt wurden und die wir ausgeteilt haben, noch mit der Negativität des jetzigen Ärgers belasten, denn damit haben wir sie ja in die Gegenwart gebracht. Wenn sie in der Vergangenheit geschehen sind, sollten wir sie in der Vergangenheit ruhen lassen.

Die Gegenwart hat ihre eigenen Schwierigkeiten, sodass wir sie nicht noch mehr belasten sollten mit all dem, was schon gewesen ist. Außerdem sind wir ein anderer Mensch und uns selbst zu verzeihen und zu akzeptieren ist die einzige Möglichkeit, den Geist zu beruhigen, sodass er neue und andere Bewusstseinsebenen erleben kann. Solange wir uns noch mit alten Verletzungen abgeben müssen, wird es wohl kaum möglich sein, im Geist zur Ruhe zu kommen. Sie werden immer wieder hochkommen, auch in Momenten, die nichts mit einer Verzeihens-Meditation zu tun haben, sondern in denen vielleicht der Partner irgendetwas sagt. Neben diesen Hilfsmitteln hilft natürlich auch das Verständnis dafür, dass wir uns ja nur selbst schaden. Vielleicht können wir uns dann eines Tages einmal dazu bringen, zu uns selbst zu sagen: „Ich bin doch ein Narr, mir selbst zu schaden." Für die Menschen, die der Wahrheit gerne ins Auge schauen, ist das äußerst hilfreich. Wozu sollten wir uns selbst schaden und unglücklich machen? Die meisten Partnerschaften, die eine Zeit lang dauern, tragen irgendwelche Schwierigkeiten in sich. Ja, es ist nicht einfach, Mensch zu sein, und das müssten wir eigentlich alle schon gemerkt haben.

F: Bei der Liebenden-Güte-Meditation mit Verzeihung bin ich an einen schwierigen Punkt meines Lebens und an einen schwierigen Menschen gekommen. Bei dem Versuch, diesem Menschen zu verzeihen, hatte ich einen Widerstand. Dann ist mir aufgefallen, dass Verzeihen nicht bedeutet, dass ich das Verhalten desjenigen Menschen billigen oder im Nachhinein gutheißen, sondern nur die emotionale Situation loslassen muss. Sehe ich das richtig oder mache ich dort Ausflüchte?

A: Das ist vollkommen richtig. Die Schlechtigkeit, die irgendwo oder irgendwann geschehen ist, können wir erkennen, aber wir müssen niemals den Verbrecher hassen, sondern immer versuchen ihn zu lieben, sodass das hier vollkommen richtig ist, dass wir die Situation oder was da geschehen ist, weiterhin als eine falsche erkennen, aber dem Menschen dennoch verzeihen und ihn lieben können.

F: Ist es sinnvoll, jemanden, den ich zum Beispiel beleidigt habe, um Verzeihung zu bitten, und kann ich, wenn ich ehrlich bereue, diese Beleidigung und auch das schlechte *Karma* aus der Welt schaffen, wenn der andere mir verzeiht?
A: Wenn wir jemanden beleidigt haben, sollten wir ihn bestimmt um Verzeihung bitten. Das schlechte *Karma* wird durch gutes *Karma* sozusagen wieder ins Gleichgewicht gebracht. Es hat aber überhaupt nichts damit zu tun, ob der andere uns verzeiht. Das ist dessen *Karma*. Das ist ein wichtiger Punkt, der oft missverstanden wird. Die meisten Menschen, die sich mit diesem Thema noch sehr wenig beschäftigt haben, glauben immer wieder, dass es darauf ankommt, welche Reaktion sie bekommen. Die Reaktionen des anderen sind dessen *Karma*. Was wir tun, ist unser *Karma*, und es ist nicht die Reaktion des anderen. Aber um Verzeihung zu bitten, ist ein außerordentlich wichtiger Punkt, wenn die Situation es verlangt. Das gute und das schlechte *Karma* sind nicht so, dass sie sich gegenseitig aufheben, aber wenn das gute *Karma* überwiegt, geht es uns besser. Wenn das schlechte *Karma* überwiegt, geht es uns schlechter.

F: Wie gehe ich damit um, wenn ich einem Menschen, der mich um Verzeihung bittet, aufgrund der Umstände, weil ich zum Beispiel unter Druck gerate, meine Ruhe will, dem anderen seine Ruhe geben will, verzeihe und vielleicht später erkenne, dass alles nur ein Lippenbekenntnis war und ich diesem Menschen eigentlich noch immer nicht verziehen habe? Diese Frage bezieht sich auf jemanden, dem ich weiterhin helfe, mit dem ich weiterhin oberflächlich umgehe und unter dessen Verhalten ich sehr gelitten habe.

A: Wenn dir bewusst wird, dass dieses Verzeihen nur ein Lippenbekenntnis war, dann musst du daran weiterarbeiten. Du kannst eine Liebende-Güte-Meditation zum Thema Verzeihung immer wieder nur für diesen einen Menschen machen. Verzeihen ist einfacher, wenn wir unsere eigenen Fehler sehen, erkennen und akzeptieren und dann die Fehler der anderen erkennen und akzeptieren. Beim Verzeihen ist noch ein Punkt wichtig oder hilfreich: Wenn uns einmal klar geworden ist, dass die Vergänglichkeit nicht nur eine Idee oder ein Gedanke ist, sondern, dass wir vergänglich sind und jeder andere genauso, dann wird uns dabei auch klar, dass der Mensch, der den Fehler begangen hat, nicht derselbe ist, dem wir jetzt gegenüberstehen. Ebenso ist derjenige, der wir selbst waren und der auf diesen Menschen wütend und ärgerlich war, auch nicht mehr derselbe. Wir brauchen daher diese Wut und diesen Ärger nicht weiter mit uns herumzutragen, weil alles schon in der Vergangenheit versunken ist. Das ist aber nicht mit einem Mal auszumerzen, weil es ja scheinbar eine tief liegende Ablehnung ist. Wenn wir einen Menschen, dem wir noch nicht verzeihen können, oft sehen, müssen wir immer wieder verzeihen üben, bis wir eines Tages erkennen, dass der ganze Ärger und die ganze Ablehnung verschwunden sind.

Wir können diesem Menschen, der uns Unrecht getan hat, unter dem wir gelitten haben, dankbar sein, denn er hat uns diese Lernsituation verschafft, bei der wir das Nicht-Liebenswerte lieben lernen. Die bedingungslose Liebe ist überhaupt nur zu erlernen und wirklich zu perfektionieren, wenn wir lernen, das zu lieben, was uns wenig liebenswert erscheint. Es ist ganz einfach, ein zweijähriges Kind zu lieben, wenn es sich gerade sehr nett benimmt. Es ist sehr schwierig, jemanden zu lieben, der uns beschimpft. Das ist die Lernsituation. Das Einfache kann jeder. Wir müssen also immer wieder die Verzeihensmeditation üben, um eines Tages frei zu sein von dieser Bürde, von dieser schweren Last des Nicht-verzeihen-Könnens. Es wird sicherlich Zeit in Anspruch nehmen, denn es geht nicht sofort.

F: Unter den zehn Vollkommenheiten werden Willenskraft und Entschlusskraft getrennt erwähnt. Was ist denn der genaue Unterschied zwischen den beiden? Bezieht sich Willenskraft auf das Energiepotenzial und Entschlusskraft auf die Fähigkeit, konkret das Heilsame zu beschließen?
A: Ja, vielleicht können wir das auch so sagen. Im Prinzip können wir die Sache auch folgendermaßen betrachten: Der Weg zur Hölle ist mit guten Vorsätzen gepflastert. Zum Beispiel: Wir nehmen uns am ersten Januar vor, nie wieder unfreundlich zu sein, uns zu ärgern, zu streiten, weniger Süßigkeiten zu essen, was auch immer. Gute Vorsätze und was kommt dann? Am zehnten Januar wird

es schon schwierig und am zwölften ist es vielleicht schon vorbei. Diese guten Vorsätze sind die Entschlüsse, die wir treffen. Einer der wichtigen Entschlüsse, den viele kennen und bei dem die meisten schon Schwierigkeiten hatten, ist, dass wir von jetzt an jeden Morgen und jeden Abend meditieren. Das ist ein sehr guter Entschluss und was passiert dann? Zwei Monate nach einem Meditationskurs ist es vorbei. Dazu gehört dann die Willenskraft, den Entschluss durchzuführen. Der Entschluss ist der erste Schritte, das Heilsame und das Gute zu tun, und die Willenskraft ist der Motor, der das in Gang hält. Die Willenskraft ist eine ganz wichtige Fähigkeit und einer der sieben Erleuchtungsfaktoren, jedoch nicht die Entschlusskraft.

Gute Entschlüsse sind zwar auch gutes *Karma*, aber in dem Moment, da wir sie nicht ausführen, machen wir schlechtes *Karma*. Deshalb benötigen wir dringend die Willenskraft, die wir natürlich erlernen und entwickeln können. Je mehr Willenskraft ein Mensch hat, desto solider erscheint er, aber nicht körperlich. Da ist eine innere Stärke, die durch die Willenskraft hervorgerufen wird. Wenn wir uns von den Meinungen anderer hin und her werfen lassen, dann ist diese Stärke äußerst schwierig zu erlangen. Eine Sache, die die Willenskraft enorm stärkt, aber natürlich nicht für jeden geeignet ist, ist Fasten, denn dazu benötigen wir starke Willenskraft. Aber es ist nicht für jeden geeignet, denn der Körper muss dazu fähig sein und gewisse Reserven haben. Außerdem wird in unserer Gesellschaft das Essen sehr groß geschrieben und der Körper wird natürlich hungrig. Es gibt noch anderes, um die Willenskraft zu stärken, aber das Fasten ist dafür eine sehr kraftvolle Methode.

F: Ich habe eine Frage zu Willen und Willenskraft. Ich habe es im Laufe der letzten Monate öfter geschafft, den Willen nicht mehr zu gebrauchen. Doch so kommt es hin und wieder vor, wie jetzt zum Ende meines Studiums, dass die Faulheit gewinnt, weil Angst und Gier oft fehlen. Denn um die wirklich wichtigen Dinge zu tun, brauche ich keinen guten Abschluss. Mir fehlt leider oft die Willenskraft, welche den Platz des Willens einnehmen müsste. Wie kann ich mir über diese Phase hinweg helfen?
A: Hier hilft Selbstdisziplin, was weder beliebt noch einfach ist, aber das Einfache können wir doch alle und machen es schon seit Jahrzehnten. Warum versuchen wir nicht einmal das Schwierige, das wir noch nicht können? Selbstdisziplin ist eine schwierige Sache, aber sie gehört zu einem erfolgreichen Leben, das nicht nur auf der spirituellen Ebene erfolgreich ist. Wenn wir nämlich nicht Mönch oder Nonne werden, dann müssen wir unseren Lebensunterhalt verdienen, was der Buddha auch vollkommen befürwortet und unterstützt hat. Und um unseren Lebensunterhalt zu verdienen, müssen wir im Allgemeinen eine Abschlussprüfung machen.

F: Gestern funktionierte die Meditation überraschend gut und ich konnte durch die liebende Güte erstmals für längere Zeit in der Vertiefung bleiben. Dass das am nächsten Tag, im nächsten Leben, nicht ganz so einfach weitergehen würde, dachte ich mir schon. Heute Morgen fühlte ich mich noch nicht einmal wie eine stumpfe Axt, eher so schlaff und leer wie ein Putzlappen. Willenskraft? Nie gehört. Meine Gedanken sind so fragmentarisch, konfus, dass es nicht einmal zu einem anständigen Dösen

reicht. Gibt es da noch ein anderes Hilfsmittel, als das Baby in liebender Geduld einzupacken, bis der Anfall vorüber ist?
A: Ja, spazieren gehen, und ich meine das ganz ernst. Wenn die Meditation überhaupt nicht funktioniert, und das ist hier so ein Fall, dann solltet ihr einen Spaziergang machen und euch damit ablenken. Danach beginnt ihr von Neuem mit der Meditation. Was allerdings hier auch passiert sein kann, ist Resultatdenken. Wir möchten das, was so gut ging, wiederhaben. Wenn wir so denken, können wir uns natürlich nicht mehr konzentrieren. Hier wäre wichtig zu rekapitulieren, was du genau gemacht hast, als die Meditation gut funktionierte, und dann setzt du dich einfach hin und machst, statt zu hoffen, zu wünschen oder zu erwarten.

F: Warum ist ein Teil des Geistes nicht so träge und dem Willen nach Training zugänglich?
A: Ich glaube, das ist Wunschdenken, dass der Geist nicht zu träge ist zum Trainieren. Es ist sehr schön, wenn das der Fall ist, weil es bedeutet, dass hier die Willenskraft hochgebracht wurde. Willenskraft ist eine der sieben Erleuchtungsfaktoren und bedeutet, dass wir unsere guten Absichten verwirklichen. Wenn unsere Willenskraft stark ist, sodass wir das Geistestraining vornehmen, so ist das eine äußerst günstige Konstellation. Aber sehr oft sieht es so aus, dass die Trägheit und Lässigkeit des Geistes dazwischen funken. Lässigkeit und Trägheit des Geistes sagen: Wir machen es später, es ist uns zu mühsam, wir fühlen uns überfordert, wozu soll das gut sein, es ist uns zu heiß, zu kalt, zu früh, zu spät, wir sind zu voll, zu leer, wenn die Kinder mal erwachsen sind, und

so weiter. Da gibt es viele Entschuldigungen, die jeder parat hat, nicht alle gleich auf einmal, aber immer mal das eine oder andere. Das Trainieren des Geistes verlangt also Willenskraft, aber es verlangt außerdem die Einsicht, dass es nötig ist. Und wenn wir diese Einsicht haben und mit der Willenskraft verbinden, dann passiert schon etwas.

F: Wie lässt sich die Entschlusskraft so steigern, dass die Meditation konzentriert wird? Kann ich das im täglichen Leben üben?
A: Die Entschlusskraft muss nicht unbedingt gesteigert werden, sondern sie muss durch Willenskraft unterstützt werden. Die Entschlusskraft kommt als erstes und dann die Willenskraft, den Entschluss auch auszuführen. Das können wir dadurch steigern, dass wir im täglichen Leben einen Entschluss zu etwas gefasst haben, was uns vielleicht nicht sehr angenehm ist zu tun, aber wir wissen, dass es notwendig ist. Dazu bringen wir dann die Willenskraft auf. Wir können immer wieder Willenskraft hochbringen, um die Meditation konzentriert durchzuführen. Wenn die Meditation zur angrenzenden Sammlung gekommen ist, das heißt, wir haben das Gefühl, wir wären auf dem Atem, aber im Hintergrund gibt es immer noch nebelartige Gedanken, die wir nicht etikettieren können, weil sie an uns vorbeiziehen, dann brauchen wir Willenskraft, um das loszulassen. Und Willenskraft können wir natürlich im täglichen Leben üben, indem wir auch Dinge loslassen, von denen wir glauben, dass wir sie unbedingt haben müssen. Wir können das immer wieder üben, sodass der Entschluss von der Willenskraft unterstützt wird.

F: Gibt es eine Kontemplation für die Willenskraft?
A: Es ist sehr gut, wenn es dir bewusst wird, dass du nicht genügend Willenskraft hast. Die Kontemplation, die Willenskraft hervorrufen soll, sind die fünf täglichen Betrachtungen. Dazu können wir uns auch fragen, wie lange wir noch leben und wie viel Zeit uns noch bleibt. Das nennen wir die Dringlichkeit hervorbringen. Wenn Vergänglichkeit, Verfall und Tod uns so vertraut werden, dass sie ein ganz wichtiger Bestandteil unseres täglichen Lebens sind, auch wenn wir noch 50 Jahre oder länger leben sollten, dann könnten wir uns fragen, ob wir mit Willenskraft mit dem Rest unseres Lebens nicht etwas anderes als bisher anfangen sollten.

F: Wie kann ich die Gier nach spirituellem Wachstum und Vertiefung unterscheiden von dem festen Entschluss zur Konzentration? Gibt es beim Loslassen die Gefahr, ins Willen- und Entschlusslose abzugleiten?
A: Diese Gefahr ist eigentlich nicht sehr groß. Wenn ein Mensch im täglichen Leben Willenskraft hat, um die notwendigen Dinge zu erledigen, für die er verantwortlich ist, statt sich überfordert zu fühlen, dann kann er dieselbe Willenskraft auch für das spirituelle Wachstum aufbringen. Willenskraft ist nicht Gier, sondern die Kraft des Geistes, das durchzuführen, was er sich vorgenommen hat. Wenn wir uns vorgenommen haben, spirituell zu wachsen und die meditativen Vertiefungen zu erleben, und dafür unsere Willenskraft geben, dann können wir uns jeden Tag mehr als einmal hinsetzen zum Meditieren und wir können das Unheilsame in uns erkennen und mit dem Heilsamen ersetzen. Dann können wir uns mit edlen Freunden umgeben, mit denen wir zusammen

meditieren können. All' das braucht Willenskraft. Wenn wir uns mit Willenskraft auf das Kissen setzen und einen festen Entschluss fassen, so ist das wie das Ankurbeln eines Motors. Wir brauchen diese Willenskraft für alles. Wir brauchen sie, um unser Essen zu besorgen, es zu kochen, sogar um es zu essen und wieder abzuwaschen. Auch dazu ist Willenskraft nötig. Um frühmorgens aufzustehen, brauchen wir Willenskraft. Willenskraft ist das Ankurbeln des Motors und wenn wir die Willenskraft zum Guten verwenden, so wie es hier angesprochen wird, spirituelles Wachstum und meditative Vertiefungen, so haben wir einen Weg für diese Willenskraft gefunden, auf dem sie sich entwickeln und große Hilfe leisten kann. Ohne Willenskraft wären wir wahrscheinlich gar nicht hier beim Meditationskurs. Auch das braucht Willenskraft, zu einem Kurs zu kommen und sich dem Tagesplan hinzugeben. Und so brauchen wir die Willenskraft, wenn wir uns auf das Kissen setzen und uns selbst gut zureden und uns sagen, dass wir uns konzentrieren wollen. Aber es besteht die Gefahr, dass wir dann als nächsten Gedanken die Idee haben, Resultate zu erwarten. Das funktioniert nie, denn dann können wir uns nicht mehr konzentrieren. Wir brauchen die Willenskraft zum Hinsetzen und Tun und wenn wir sie hochgebracht haben, dann tun wir. Und wenn wir merken, dass der Geist absackt, dann bringen wir die Willenskraft wieder hoch. Willenskraft ist eine äußerst positive Gedankenformation und einer der sieben Erleuchtungsfaktoren. Sie wird auch manchmal als Geistesenergie bezeichnet, ohne die es kein spirituelles Leben und keine spirituellen Resultate gibt. Selbst im täglichen Leben funktioniert nichts ohne die Willenskraft; manchmal brauchen wir viel, manchmal weniger. So ist es eine sehr gute und wichtige Gedankenformation, die aber nicht mit Resultatdenken oder Leistungsdruck verwechselt werden sollte.

F: Wie lerne ich, mein bester Freund zu sein, mich zu lieben und gleichzeitig mein Ego abzubauen? Gut, Egoismus ist falsche Selbstliebe, trotzdem meine ich manchmal, eine Kollision festzustellen.
A: Die Kollision ist ein Fehlgedanke, der in der westlichen Gesellschaft sehr üblich ist. Das ist jedoch ganz unverständlich, denn im Westen ist das Christentum weit verbreitet und einer der bekanntesten Sätze daraus lautet: „Liebe deinen Nächsten wie dich selbst.“ Wir müssen erst einmal uns selbst lieben können, um dem Nächsten überhaupt annähernd Liebe geben zu können. Wenn wir den Nächsten so lieben wie uns selbst, dann haben wir die Möglichkeit zu erkennen, was das bedeutet. Lieben wir aber nur den Nächsten und uns selbst nicht, wie können wir dann wissen, wie sich das überhaupt anfühlt? Diese Liebe für den Nächsten bedeutet nicht, dass wir an diesem Nächsten Interesse haben. Es ist ein Gefühl der Wärme, der Herzenswärme, des Umarmens, des Zusammenseins, der Zuneigung, des Akzeptierens, des Tolerierens, der Freundschaft. Alle diese Gefühle müssen wir für uns selbst empfinden, um sie überhaupt jemand anderem zu schenken. Was wir nicht schon selbst in uns erfahren und für uns selbst erarbeitet haben, können wir niemandem schenken. Das Gegenteil von Egoismus ist auf keinen Fall Selbsthass, sondern Freigebigkeit. Wenn wir nicht egoistisch sein wollen, dann müssen wir freigebig sein. Mit Selbsthass hat das überhaupt nichts zu tun. Freigebigkeit zeigt sich

natürlich auch in dem Verschenken von Liebe und von allem, was wir verschenken können, sodass wir Egoismus mit Freigebigkeit bearbeiten können und Ablehnung und Übelwollen mit Liebe.

F: Gibt es im Buddhismus den Begriff der Gnade Gottes? Erlange ich nach Einsicht Vergebung und kommt dann schlechtes *Karma* nicht zum Tragen?
A: Die Gnade Gottes wird im Allgemeinen so angesehen, als bekämen wir sie von jemandem geschenkt, ob wir es verdient haben oder auch nicht, das heißt also, dass es eine Glückssache ist. Ich glaube jedoch, dass wir das auf eine andere Ebene bringen und vielleicht die Gnade als Mitgefühl betrachten können. Mitgefühl ist im unendlichen Bewusstsein vorhanden, dem wir aber nur nahe kommen, wenn wir es in uns selbst empfinden. Wir alle haben teil an dem unendlichen Bewusstsein, aber wir haben nur an dem teil, was wir in uns selbst tragen. Wir können im unendlichen Bewusstsein kein Mitgefühl berühren, wenn wir überhaupt nicht wissen, was Mitgefühl ist. Wenn es ein Fremdkörper ist, können wir es nicht berühren. Das heißt also, wenn wir in uns Mitgefühl entwickeln, so können wir auch das unendliche Mitgefühl, das existiert, berühren. So können wir das vielleicht mit diesen Worten vergleichen, denn wir haben im Buddhismus eine ganz andere Terminologie.

F: Gibt es in der Buddhalehre so etwas wie Gnade?
A: Solange wir mit Gnade meinen, dass es etwas ist, das von außen ohne jegliches Zutun von uns selbst auf uns zukommt, so gibt es das nicht. Aber wenn uns ganz klar ist, was beispielsweise die Worte „wenn du einen Schritt

auf Gott zu machst, wird er zwei Schritte auf dich zu tun" bedeuten, dann haben wir eine deutliche Verbindung, obwohl es nicht Gnade genannt wird. Wenn wir uns selbst innerlich öffnen und durch den Läuterungsprozess schon eine gewisse Öffnung herbeigeführt haben, dann kommen Dinge auf uns zu, die uns das Leben erleichtern. Wer schon mehrere Jahre meditiert, ob ganz konzentriert oder nicht, spielt dabei überhaupt keine Rolle, kann dies bestätigen. Wenn wir uns dem Läuterungsprozess hingeben, so ändert sich etwas in uns. Wenn es sich bei Gnade darum handelt, dass sie nicht von außen kommt, sondern dass wir innerlich das empfinden und erleben, was über die gewöhnlichen Erlebnisse in der Welt hinausgeht, dann kommt immer mehr davon auf uns zu, sodass auch dieser Begriff sich auf unsere eigene Arbeit und unser eigenes Innenleben bezieht. Alles besteht aus Ursache und Wirkung und „wie du säst, sollst du ernten". Wenn wir unseren Geist logisch verwenden, so ist dann wohl ganz klar, dass wir bestimmt keine Salatköpfe ernten werden, wenn wir Tomatensamen im Garten säen. Daran kann kein intelligenter Mensch zweifeln. In dieser Art und Weise sollten wir unsere eigene Intelligenz nutzen, um das Wort Gnade zu verstehen.

V
Allgemeine Fragen zur Praxis im Alltag

Ansichten und Meinungen

F: Ich habe nicht verstanden, wie es gemeint ist, keine Ansichten und Meinungen zu haben. Kannst du bitte ein Beispiel geben?

A: Eine Ansicht oder Meinung ist zum Beispiel, dass wir glauben, ein anderer sei dumm, unangenehm, störend, erregend oder habe irgendwelche negativen Eigenschaften und diese Ansicht sei berechtigt. Eine andere Ansicht ist, dass wir von einem anderen glauben, er werde einem den Weg zeigen, ebnen, helfen und ihn für uns gehen. Eine weitere Ansicht ist zu glauben, wir seien jemand und daher müsse man Rücksicht auf uns nehmen oder wir wollen jemand sein und daher müssen wir jetzt irgendetwas unternehmen. Der Buddha hat eine Lehrrede gehalten, das *Brahmajala Sutta*, die Lehrrede von dem Netz der Ansichten, in der er 62 Ansichten benannt hat, von denen jede einzelne falsch ist, weil sie alle auf der Ich-Illusion aufgebaut sind. Die Aufzählung dieser 62 Ansichten sind Kategorien, in denen wir alles einordnen können, was wir uns aufgebaut haben. Die schlimmste Ansicht ist, dass wir die Ansichten, die wir in unserem ganzen Leben aufgebaut haben, nicht aufgeben können. Damit blockieren wir uns natürlich. Beliebte Ansichten sind auch, dass wir keine Zeit für die Meditation erübrigen könnten, dass es zu früh oder zu spät sei, zu kalt, zu warm, dass wir zu jung oder zu alt seien. Mit all diesen Ansichten können wir überhaupt nichts anfangen, weil es einfach Glaubenssätze sind. Auch können wir der Meinung sein, dass es uns schlecht geht oder gut. Es gibt unendlich viele Ansichten. Das Gegenteil von Ansichten und Meinungen ist das Erkennen dessen, was wir selbst erleben. Das nenne ich immer „erkanntes Erleben“. Dabei ist das Erleben gefühlsmäßig, und das Erkennen ist eine Art und Weise des Durchbruchs des objektiven Geistes zu dem, was wirklich geschieht ohne Fantasieerklärungen, die ebenso nur Ansichten und Meinungen sind.

Zu Ansichten und Meinungen gibt es eine sehr schöne Geschichte, die das noch illustriert. Ein Mönch legte sich abends in seiner Hütte zum Schlafen. Plötzlich wachte er auf und war ganz erschrocken, denn er sah von den Holzleisten der Decke eine riesengroße, giftige Schlange herunterhängen. Dann bekam er natürlich große Angst und wusste nicht, was er machen solle. Sollte er aufstehen und versuchen, mit der Schlange zu kämpfen, oder sollte er liegen bleiben und hoffen, dass sie ihn nicht angreift und beißt? Was sollte er bloß tun? Aber er konnte gar nichts tun, blieb die ganze Nacht wach, schwitzte vor Angst und sah, wie die Schlange herunterhing und ihr Kopf so vor ihm baumelte. Als dann die Dämmerung kam und er mehr erkennen konnte, sah er, dass es nur ein dickes Seil war. Das sind Ansichten und Meinungen. Da hängt eine Schlange, die einen beißen wird. Aber in Wirklichkeit hängt da nur ein Seil. Vielleicht ist das der deutlichste Unterschied zwischen Ansichten und Meinungen und der Wirklichkeit. Wir können ja überprüfen, ob unsere Ansichten eine Schlange oder ein Seil beinhalten.

Geld und spiritueller Weg

F: Ich arbeite in einem Beruf, in dem ich viel Geld verdiene. Durch das viele Geld hatte ich mich auch mit vielen Untugenden, wie Drogen, Alkohol, Lügen, Faulheit angefreundet. Zum Glück konnte ich einige von diesen Lastern bereits abstellen. Kann ich ein Leben mit viel Geld und den buddhistischen Weg, der uns ja Bescheidenheit lehrt, miteinander verbinden?

A: Der Buddha hat darüber viel ausgesagt. Beispielsweise hat er gesagt, dass es sehr gutes *Karma* sei, wenn ein Haushälter viel Geld verdient, aber er muss es auch richtig verwenden, um das gute *Karma* weiterzuführen. Das hat er dann wie folgt erklärt: Einen Teil unseres Verdienstes sollten wir dafür verwenden, um uns und unsere Familie zu ernähren. Den zweiten Teil sollten wir für das Alter zurücklegen. Den dritten Teil sollten wir dazu verwenden, um die nötigen Reparaturen, die vielleicht an Haus und Hof nötig sind, zu bewerkstelligen. Den vierten Teil sollten wir spenden. Einer der größten Unterstützer des Buddhas war ein Mann namens Anathapindika, ein Multimillionär, der dadurch bekannt wurde, dass er das erste Kloster für den Buddha gestiftet hatte. Er gab sogar ein Drittel seines Vermögens aus, um nicht nur das Land zu kaufen, sondern auch die Kutis, die Hütten für die Mönche und den Buddha, zu bauen. Als er später sein Vermögen verlor und er deshalb betrübt war, tröstete ihn der Buddha, indem er sagte, dass sein *Karma* es ihm erlaube, das Vermögen wieder zu erlangen, was dann auch der Fall war. Auf seinem Sterbebett hat er durch eine Belehrung des Sariputta, einer der großen Jünger des Buddhas, noch den ersten Schritt zur Erleuchtung gemacht. Im Gefolge des Buddhas gab es noch mehr

Millionäre, die nach der Überlieferung große Spenden an seine Mönche und ihn gaben. Es ist also nichts dagegen einzuwenden, viel Geld zu verdienen, solange es nur ein Mittel zum Zweck ist und kein Zweck an sich. Wenn wir dieses Mittel zum Zweck richtig verwenden, so ermöglicht uns dies, gutes *Karma* zu machen. Dabei kann sich jeder selbst überlegen, wie man gutes *Karma* macht.

Mittlerer Weg – Luxus

F: Wie kann ich herausfinden, ob ich den Weg der Mitte nehme? Ist er messbar? Zum Beispiel Besitz: Ich besitze ein Zimmer, eine Dreizimmerwohnung oder ein ganzes Haus. Oder Mobilität: Ich fliege pro Jahr keinmal, dreimal, fünfmal. Oder Arbeit: Ich arbeite mit Überstunden, zu 100 Prozent oder zu 50 Prozent. Falls er nicht messbar ist, wie kann ich den Weg der Mitte kennen lernen? Ist er seit Buddhas Zeiten anders geworden? Ist er in unterschiedlichen Kulturen verschieden?

A: Ich glaube, wir stehen hier einem großen Missverständnis gegenüber. Der mittlere Weg, wie wir ihn nennen, ist in dieser Art und Weise kaum messbar. Der Buddha ist im Luxus der damaligen Zeit aufgewachsen. Er war ein Prinz und sein Vater hatte ihm alles geboten, was nur möglich war. Als er dann auf die Suche ging nach der Antwort auf das Leid der Menschheit, hat er die Askese praktiziert und seinen Körper gepeinigt und daraus entnommen, erfahren und gefunden, dass weder das eine noch das andere zu irgendeinem Ziel führt. Deshalb hat er die Askese wieder aufgegeben und ist einen mittleren Weg gegangen, der weder luxuriös noch asketisch war, sondern auf die Bedürfnisse des Körpers

Rücksicht genommen hat. Was wir heute hier im Westen vielleicht als sehr wenig Bequemlichkeit betrachten, vielleicht ist eine Einzimmerwohnung sehr wenig, wird natürlich in anderen Teilen der Welt als etwas Luxuriöses angesehen. Das muss jeder mit sich selbst ausmachen! Was ist Luxus und was ist notwendig? Wir vergessen sehr häufig, dass das, was wir wirklich brauchen, äußerst wenig ist. vielleicht erinnern wir uns daran, wenn wir von diesem Kurs nach Hause kommen, in alle Schränke und alle Zimmer zu schauen. Dann empfinden wir vielleicht 50 oder 70 Prozent der Gegenstände als vollkommen überflüssig. Das kann sehr leicht sein. Sollte das der Fall sein, dann können wir davon etwas verschenken. Wenn wir glauben, dass wir dies alles benötigen, dann müssen wir es behalten. Es ist jedem überlassen, was er davon hält. Die Notwendigkeiten des Körpers hat der Buddha als Nahrungsmittel, Kleidung, ein Dach über dem Kopf und Medizin, wenn wir krank sind, bezeichnet. Wenn wir dann zu Hause einmal untersuchen, was wir darüber hinaus noch haben, werden wir merken, dass das wohl etwas mehr ist. Selbstverständlich leben wir heute in einer anderen Zeit und es gibt Dinge, die es damals gar nicht gab und von denen wir glauben, sie seien notwendig und wir kämen nicht mehr ohne sie aus. Aber im Prinzip haben wir von allem natürlich viel zu viel. Vielleicht bemerken wir ja, dass wir mit mehr Besitz auch mehr zu erledigen haben. Wir müssen es säubern und reparieren, versichern, ersetzen und auch einmal benutzen. Es ist also kein großes Glück, viel zu besitzen. In der Gesellschaft, in der wir leben, wird leider geglaubt, dass mehr haben mehr sein bedeutet. Ein fundamentaler Fehler, der uns immer wieder in Schwierigkeiten bringt. Mehr haben hat noch nie mehr sein bedeutet. Mehr haben bedeutet im Allgemeinen, mehr zu tun zu haben.

Getriebensein

F: Was mache ich mit dem ewigen „Machenmüssen“?

A: Ich nehme an, dass es bedeutet, sich gezwungen zu fühlen, ständig etwas zu tun. Es ist wahr, dass der Mensch handeln muss, aber es kommt auf die Motivation an. Wenn wir nur „machen“ möchten, weil wir entweder Geld verdienen wollen oder damit wir Beschäftigung haben oder wir dadurch Selbstbestätigung bekommen, so sind dies insofern falsche Motivationen, weil sie keine guten *Karma*-Resultate bringen. Meister Eckhart hat es so ausgedrückt, dass wir bei allem Tun Gott nicht vergessen sollten. Die Benediktiner haben als Motto: „Ora et labora“, was „bete und arbeite“ heißt. Der Buddha hat empfohlen, die Absicht des Tuns zu erkennen. Ist die Absicht selbstbezogen oder wollen wir mit unserem Tun hilfreich sein? Wollen wir Gutes tun und anderen mit unseren Fähigkeiten nutzen? Oder ist das Tun nur eine Beschäftigungstherapie? Im Prinzip ist es unwichtig, was wir tun, denn es kommt nur darauf an, wie wir es tun. Teresa von Avila hat einmal gesagt: „Ich brauche nicht noch eine heilige Nonne, sondern eine, die die Toiletten putzt.“ Warum tun wir etwas und worum geht es uns dabei? Wie weit können wir das Weltliche einmal hinter uns lassen und das Materielle dazu verwenden, um das Spirituelle zu fördern? Dann ist das Tun sehr zu befürworten. Eine der großen Schwierigkeiten der Menschen besteht im Allgemeinen darin, dass sie nur wegen der Resultate handeln. Das Tun soll funktionieren und Resultate oder Anerkennung bringen. Diese Motivation ist nicht spirituell, sondern materiell, auch wenn es sich nicht um Geld als Resultat handelt. Wenn wir um des Tuns willen tun, ohne ein Ergebnis zu erwarten, dann können wir ohne Angst handeln und dann können wir uns ganz hingeben, ohne uns in Überbeschäftigung zu verlieren.

Glück beschützen

F: Ich habe eine Frage zu der Kontemplation: „Möge ich mein eigenes Glück beschützen." Bedeutet beschützen nicht immer auch abschirmen oder abgrenzen und ist demnach anders als sich öffnen und verschenken?
A: Es kommt ganz darauf an, was wir unter unserem eigenen Glück verstehen. Wenn wir darunter verstehen, dass es in dem liebenden Herzen, das sich verschenkt, zu finden ist, dann werden wir wohl unser Herz und unseren Geist vor Hass beschützen. Wenn wir darunter verstehen, dass die heilsamen Gedanken uns beglücken und die unheilsamen es nicht tun, dann werden wir uns wohl vor unheilsamen Gedanken beschützen. Wir beschützen Herz und Geist so, dass beide geläutert werden können.

F: Wie kann ich mich oder mein Glück beschützen? Muss ich nicht auch für mich kämpfen und mich selbst behaupten?
A: Wenn wir glauben, unser Glück bestünde darin, für uns selbst zu kämpfen und uns zu behaupten, dann müssen wir das allerdings tun. Statt so kompliziert zu denken, sollten wir versuchen, das richtig im Herzen nachzuvollziehen. Was bedeutet unser eigenes Glück wirklich? Für die Antwort müssen wir ins eigene Herz

hineinschauen und einmal nicht gedanklich, logisch oder analytisch feststellen wollen. Das Kämpfen und sich selbst behaupten vollzieht sich nur auf der materiellen Ebene. Es bleibt jedem selbst überlassen, ob wir unser Glück darin finden. Wenn wir vom Buddhismus noch nicht viel gehört, gelesen oder praktiziert haben, dann sind diese Begriffe fremdartig, denn sie sind dem, was die Welt macht, um 180 Grad entgegengesetzt. Wenn es uns gefällt, was in der Welt los ist, wie sich selbst behaupten oder für sich kämpfen, dann können wir das fortsetzen. Wenn wir glauben, dass das kein Glück bringe, dann sollten wir schauen, wohin wir uns wenden können. Auf dem spirituellen Weg wenden wir uns nach innen statt nach außen. Sehr häufig dauert es eine Weile, bis uns klar wird, dass wir ganz anders denken müssen, um überhaupt die Begriffe zu verstehen. Aber wenn das Herz hört, ist es viel einfacher, denn die Logik und Analyse des Geistes führen uns hier nicht weiter. Das haben wir alle bereits gemacht, aber nicht allzu erfolgreich. Wir haben damit unseren Lebensunterhalt verdient, was auch nötig ist, aber von Glück kann dabei wohl kaum die Rede sein.

F: Möge ich fähig sein, mein Glück zu behüten. Wie geht das?
A: Das wird häufig gefragt. Es scheint doch sehr schwierig zu sein festzustellen, was Glück eigentlich ist. Wieso ist das so schwierig? Weil die meisten Menschen es überhaupt nicht erleben und sich sehr häufig auch ab einem gewissen Alter damit abfinden, dass sie kein Glück erleben. Weil es so gewohnheitsmäßig ist, dass sie nicht glücklich sind. Das ist mit einem schweren Rucksack auf dem Rücken vergleichbar. Wenn wir ihn immer tragen,

dann spüren wir gar nicht mehr, dass wir ihn ablegen können. Selbst wenn das Glück Frieden im Herzen bedeutet, heißt es doch, dass alles vergänglich ist. Bedeutet das, dass wir unser Glück so lange wie möglich hüten, auch wenn es dem Verfall unterworfen ist? Wenn wir das wirklich begreifen, dann suchen wir das Glück, das nicht dem Verfall unterworfen ist, und das heißt *Nibbāna*. Und dann wissen wir, dass wir praktizieren müssen. Bis wir das wirklich wissen, könnten wir natürlich erst mal die Schritte unternehmen, die auf dem Weg dorthin auch den Frieden im Herzen mit einschließen, der durch die Meditation und die Läuterung des Herzens kommt. Es sind zwei Schritte, die sukzessive aber auch komplementär zusammenarbeiten. Aber das wahre Glück ist unvergänglich. Erkennen wir das, dann kommt vielleicht etwas Dringlichkeit hoch, um wirklich zu praktizieren. Aber das ist auch nicht so einfach, denn dann müssen wir unsere Prioritäten ändern.

F: Es ist doch alles vergänglich, wie kann ich da fähig sein, mein Glück zu beschützen? Soll ich es einfach mehr herbeikonzentrieren?
A: Wenn der Moment gekommen ist, in dem wir die Vergänglichkeit nicht mehr intellektuell verstehen, sondern gefühlsmäßig erleben, dann können wir unser eigenes Glück beschützen. Dann sind wir nicht mehr davon berührt, ob das, was uns gefällt, verschwindet, oder das, was uns nicht gefällt, vielleicht entsteht. Wenn die Einsicht in die Vergänglichkeit wirklich entstanden ist, dann haben wir eine Möglichkeit, unser Glück zu beschützen.

Ist Gutes tun selbstsüchtig?

F: Ist es nicht selbstsüchtig, um des eigenen guten *Karmas* willen etwas Gutes zu tun, wie Geld zu spenden und daher ohne positive Wirkung für mich? Vielleicht sogar negativ wirkend, da selbstsüchtig? Was ist dann nicht selbstsüchtig, wenn ich versuche, alles auf mein gutes *Karma* hin auszurichten?

A: Die Freigebigkeit ist die erste von den zehn Tugenden, die wir praktizieren sollten auf dem Weg der Läuterung. Es bedeutet nicht, dass die anderen Tugenden nicht wichtig seien, sondern dass die Freigebigkeit uns den Weg zur Läuterung öffnet, weil sie bedeutet, von dem loszulassen, was wir glauben, dass es uns gehört. Wenn wir freigebig sind, um zu schenken, so ist das natürlich der beste Weg. Wenn wir freigebig sind, um gutes *Karma* zu machen, ist es der zweitbeste Weg. Wenn wir gar nicht freigebig sind, so ist es gar kein Weg.

Konfliktverhalten

F: Wie steht es um das Prinzip der Gewaltlosigkeit bei der Verteidigung meiner eigenen existenziellen Interessen? Wenn ich andere nicht von Gewaltverzicht mir gegenüber abbringen kann, muss ich manches sehr stark wollen oder nicht wollen. Was sagt die Buddhalehre dazu? Mit anderen Worten, was ist das rechte Konfliktverhalten, wenn ich nicht fliehen oder ausweichen will?

A: Es ist ganz einfach: liebende Güte und Mitgefühl. Dazu gibt es eine Legende aus dem Leben des Buddhas. Er hatte einen Widersacher, seinen Cousin Devadatta, der gern der Anführer der Jünger des Buddhas, der Sangha, sein wollte. Er war also neidisch auf den Buddha. Das ist eine sehr menschliche Eigenschaft und es geschieht häufig, vor allem bei Führungspositionen. Die meisten möchte gerne der Erste und nicht der Zweite sein. Devadatta wollte den Buddha deswegen umbringen. Nach zwei erfolglosen Versuchen startete er noch einen dritten. Dazu ging er zum Königspalast, bei dem es einen großen, wilden, ungezähmten Elefanten gab, und bat ihn sich für den nächsten Morgen aus. Dieser wilde Elefant wurde aus seinem Käfig freigelassen und Devadatta jagte ihn die Strasse hinunter, auf der der Buddha mit seinen Jüngern auf der Almosenrunde entlangkam. Es wurde gesagt, dass die ganze Erde unter seinen Tritten erzitterte, so groß war der Elefant. Als die Jünger den Elefanten kommen sahen, bekamen sie natürlich Angst und verdrückten sich an die Seiten der Straße. Nur Ananda, ein anderer Cousin des Buddhas und sein Aufwärter, blieb stehen und stellte sich vor den Buddha, um ihn zu beschützen. Der Buddha bat Ananda, zur Seite zu treten, was dieser aber nicht tat. Daraufhin ließ der Buddha sich die Erde bewegen, um Ananada zur Seite zu schieben. Der Elefant raste auf den Buddha zu, trompetend, die riesigen Ohren angelegt, und man konnte sehen, dass er nichts Gutes im Sinn hatte. Dann sagt die Legende, die liebende Güte des Buddhas sei so stark gewesen, dass er den Elefanten zum Stehen brachte. Als der Elefant direkt vor ihm anhielt, beugte er sich nieder und entfernte mit dem Rüssel den Sand von den Füssen des Buddhas, drehte sich um und ging freiwillig zurück in den Königspalast in seinen Käfig. Ob die Geschichte genauso stattgefunden hat oder nicht, entzieht sich meiner Kenntnis. Aber sie sagt aus, dass wir nur so mit Angriffen umgehen sollten. Dass wir das nicht können, liegt daran, dass wir glauben, unsere eigenen existenziellen Interessen hätten Vorrang. Dazu sage ich immer: „Des Menschen Wille ist sein Himmelreich."

Lebensfreude

F: Wie ist das mit der Lebensfreude auf diesem Weg? Soll ich sie unterdrücken oder darf ich Freude ausleben?

A: Es kommt ganz darauf an, was du unter ausleben verstehst. Im Allgemeinen verstehen wir darunter die Sinneskontakte: sehen, hören, riechen, schmecken und berühren. Wenn wir noch jung sind, müssen wir erst einmal einiges erleben, bis wir erfahren, dass wir auf die Art und Weise auch nicht glücklich werden, denn es ist unmöglich, durch die Sinne glücklich zu werden. Wieso verhält sich dies so? Die Sinne müssen kurzfristig sein, denn stellen wir uns beispielsweise vor, dass es ein sehr gutes Essen gäbe, das uns ausgezeichnet schmeckt. Und wir sagen zu dem Gastgeber: „Es schmeckt wunderbar", woraufhin er antwortet: „Ich habe noch so viel Essen hier, bleibe doch noch zwei Stunden und iss!" Das wäre doch eine Katastrophe und würde geistiges und körperliches Leid verursachen. Wir können auch nicht 24 Stunden lang die schönste Musik anhören, denn der Geist könnte das gar nicht aufnehmen. Ich empfehle, sich erst einmal auszuleben und selbst zu erkennen, was dabei herauskommt, denn es ist nie anzuraten, sich auf andere Menschen zu verlassen. Ich glaube, dass es die meisten Menschen auch bis zu einem gewissen Alter tun und manche nie damit aufhören. Aber es gibt auch eine ganz andere Art der Freude, die unumgänglich nötig ist, wenn wir meditieren wollen, denn ein trauriger, ablehnender oder widerwilliger Geist kann nicht meditieren. Jede Meditation und Kontemplation sollten wir mit liebender

Güte für uns selbst beginnen. An dieser Stelle sollten wir uns nur um uns selbst kümmern, damit ein Gefühl der Zufriedenheit und der Ruhe im Geist einziehen kann. Die Sinnesfreuden gehen uns auf dem spirituellen Weg nicht verloren, aber sie werden geläutert.

Auf dem weltlichen Pfad kennen die Menschen nur eine gewisse Freude oder Vergnügen durch die Sinne. Unsere ganze Ökonomie lebt davon. Je mehr wir kaufen, desto besser geht es der Wirtschaft, und dann werden wir ganz glücklich sein, wenn wir alles gekauft haben. Im Prinzip weiß intellektuell jeder, dass das nicht stimmt, aber emotional macht jeder mit, weil wir nichts anderes kennen. Jedoch entsteht auf dem spirituellen Pfad ein ganz neues Erleben, wenn die Meditation funktioniert. Und dies geschieht ohne jegliche Sinneskontakte, da ja der Sinn der Meditation darin besteht, die Sinneskontakte während der Meditation einmal loszulassen. Dieses Erleben ermöglicht es dann, dass wir die Sinneskontakte, die ja weiter auf uns zukommen, so akzeptieren, wie sie sind, und sie weder behalten, noch wiederbekommen möchten. Ohne Begierde tragen sie eine viel größere Reinheit in sich. Das können aber erst die Menschen erfahren, die durch die Meditation eine neue Bewusstseinsebene erleben, auf der die Freude nicht vom Ausleben kommt, sondern vom Erleben, was ein großer Unterschied ist. Wir glauben auf der weltlichen Ebene, dass unsere Sinneskontakte sozusagen ein Vergnügungspark seien, aber in Wirklichkeit sind unsere Sinne zum Überleben da. Wären wir zum Beispiel blind und taub, so wäre es viel schwieriger zu überleben. Und je mehr wir uns selbst geläutert haben, desto mehr angenehme Sinneskontakte bekommen wir. Wenn wir sie nicht begehren, dann haben sie eine Lauterkeit, eine Reinheit, die dann viel beeindruckender ist als das Ausleben auf der weltlichen Ebene.

Sinne beschützen – Weltentsagung?

F: Ist das Beschützen der Sinnestore die Praxis der Weltentsagung?

A: Nein, es ist unmöglich, durch unsere Sinne der Welt zu entsagen. Wir können mit unseren Sinnen genau das Gegenteil tun, nämlich die Welt erkennen. Dazu sind die Sinne da. Sie sind dazu da, uns am Leben zu erhalten. Es ist viel schwieriger, am Leben zu bleiben, wenn wir blind oder taub sind oder wenn uns der Tastsinn fehlt, wie es zum Beispiel bei Lepra der Fall ist. Es ist viel einfacher, wenn alle unsere Sinne intakt sind. Sie sind also zum Erkennen der Welt da, anstatt dass wir uns von ihnen zu Leidenschaften hinreißen lassen. Dadurch erkennen wir, dass die Sinne – wie wir es sehr häufig glauben – kein Vergnügungslokal sind. Aber wenn wir die Sinnestore einmal beschützen, dann merken wir, dass es gar nicht nötig ist, dass wir sie zu unserem Vergnügen benutzen. Es ist auch gar nicht nötig, dass uns jede Leidenschaft immer wieder dazu hinreißt, durch den Sinneskontakt etwas zu unternehmen. Wir kommen also viel mehr zur Ruhe. Die Entsagung ist etwas ganz anderes: Es ist die Entsagung von allem, was nicht heilsam ist. „Weltentsagung“ ist auch ein Missverständnis. Wir praktizieren in der Welt und entsagen dem Unheilsamen, das ist alles. Das ist vielleicht alles, was es über Entsagung zu sagen gibt.

Es ist vielleicht noch von Interesse, die zehn Vollkommenheiten, wozu auch die Entsagung gehört, aufzuzählen. Die erste ist die Freigebigkeit, die Großzügigkeit, die Gebefreudigkeit. Die zweite ist die Sittlichkeit und die dritte die Entsagung, die Vollendung der Sittlichkeit, das Entsagen von allem Unheilsamen. Dann kommt Wissen, was mit Einsicht gleichzustellen ist, das bedeutet nicht, noch mehr Informationen anzusammeln, sondern dass wir unser Erleben erkennen und dadurch Weisheit erlangen. Die vierte ist Willenskraft, die unumgänglich nötig ist für alles, was wir tun, auch für die banalsten Dinge. Dann kommt die Geduld, die oft auch mit Nachsicht übersetzt wird. Geduld und Nachsicht mit sich und anderen, wenn wir die Schwierigkeiten erkennen. Als sechste kommt Wahrhaftigkeit uns selbst und anderen gegenüber, die auch zu den Tugendregeln gehört. Dann kommt die Entschlusskraft, ein ganz wichtiger Faktor, um die Willenskraft anzukurbeln, denn ohne Entschlusskraft kommt die Willenskraft nicht in Gang. Und die letzten beiden sind die liebende Güte und der Gleichmut. Diese zehn Vollkommenheiten sind sozusagen die Grundlagen der Läuterung und je mehr wir sie in uns entwickeln und zum Ausdruck bringen können, desto einfacher wird unser Leben.

Leidenschaften abschneiden

F: Ich habe in einem Buch gelesen, dass die Leidenschaften durch Aufmerksamkeit und Weisheit, also Einsicht, abgeschnitten werden können. Denke ich nun an meinen Alltag, an all die Abläufe, die das Reagieren oft unvermeidlich machen, habe ich das Gefühl, das nie zu schaffen. Denn ich meine, das Abschneiden der Leidenschaften setzt enorm viel Selbsterkenntnis und Konzentration voraus. Kannst du dazu bitte etwas sagen?

A: Das Abschneiden der Leidenschaften ist eine Möglichkeit, die sozusagen am Ende der Praxis vorkommen kann. Der Weg selbst besteht nicht aus abschneiden, denn es ist unmöglich und wir können es nicht, sondern es ist ein allmähliches Loslassen. Diese Reaktionen im Alltag, von denen hier die Rede ist, erscheinen unvermeidlich, was uns jedoch zu Sklaven der Reaktionen macht. Da hat sich eine andere Macht unserer bemächtigt und treibt uns zu diesen Reaktionen. Aufmerksamkeit bedeutet hier Achtsamkeit, und wenn diese sehr stark ist und immer weiter gestärkt wird durch die Meditation, dann kommt es dazu, dass wir die Reaktionen sozusagen aufsteigen fühlen, vor allem die unheilsamen. Dass wir der unheilsamen Reaktion mit großer Vorsicht begegnen und uns nicht davon hinreißen lassen, ist einzig und allein mit Achtsamkeit möglich. Dazu gibt es mehrere Hilfsmittel. Wir können uns in dem Moment, in dem etwas geschieht, was wir nicht so haben wollen, wie wir es uns vorgestellt haben, sofort überlegen, ob das wirklich ein so großes Malheur ist. Was kann dabei schon geschehen? Steht unser Leben oder das Leben unserer Kinder auf dem Spiel? Eines Tages kommen wir dahin, dass das eigene Leben auch auf dem Spiel stehen kann. Sollten wir die Möglichkeit erkennen, dass das Geschehen zwar ganz anders vonstatten geht, als wir es uns vorgestellt hatten und es trotzdem so in Ordnung ist, müssen wir nicht mehr reagieren. Wir machen uns das Leben damit viel leichter.

Das können wir uns bei allem, was geschieht, überlegen. Oder es passiert etwas, was wir überhaupt nicht im Sinn hatten und nun wollen wir reagieren. Oder es wird etwas gesagt, was uns nicht gefällt, was immer es sei, worauf wir reagieren wollen. Und dann schauen wir uns das an und sagen: „Na also, ist das nun schlimm? Schadet das etwas? Wem schadet das etwas? Wieso schadet das?“ Es schadet nämlich überhaupt nicht! Das ist ganz in Ordnung, es geschieht so. Und darauf müssen wir nicht reagieren. Wenn wir dann denken: „Es wäre aber besser, wenn es so geschehen wäre, wie ich es mir vorgestellt hatte“, dann können wir lernen zu akzeptieren, dass es auch schlechter geht. Sich das vorzustellen, ist ein großes Hilfsmittel. Es ist in Ordnung so, wie es ist und es muss nicht so sein, wie wir es uns vorgestellt haben.

Die Achtsamkeit bündelt den Geist und hält ihn an einem Punkt. Die Achtsamkeit als solche ist jedoch nur reines Beobachten, durch die dann das Erkennen, also die Einsicht, kommt. Was wir im Allgemeinen mit der Achtsamkeit in Einklang bringen, ist die Wissensklarheit*). Die Achtsamkeit allein schützt uns noch nicht vor allem Negativen. Sie zeigt uns zwar, was da passiert, aber der Schutz kommt erst durch die Wissensklarheit. Wissensklarheit fragt, welchen Zweck es hat zu reagieren. In dem Moment haben wir die Wahl, denn manchmal ist es ja nötig zu reagieren. Wenn wir wählen können, dann sind wir nicht mehr Sklave der Reaktion. Dies ist der erste Schritt der Wissensklarheit, der sich auf den Alltag bezieht. Der zweite Schritt der Wissensklarheit bezieht sich auf die passenden Mittel. Selbstverständlich geht im Alltag alles sehr schnell vonstatten. Es geschieht etwas und schon reagieren wir. Dabei hilft ein Moment der Achtsamkeit, um zu erkennen, was in uns vor sich geht. Dieser Moment ist sozusagen ein Moment der Ruhe,

---

*) Wissensklarheit wurde bereits im ersten Kapitel erklärt.

denn der Geist macht eine Pause und reagiert nicht sofort, sondern er erkennt erst einmal. Diesen Moment können wir ausbauen und so verlängern, dass wir die Wahl treffen können, wie wir reagieren wollen.

Haben wir impulsiv und negativ reagiert, so fühlen wir uns hinterher nicht gut. Daher können wir schon erkennen, dass das wohl nicht das Richtige ist. Haben wir überlegt und absichtlich reagiert, dann haben wir sehr häufig ein Gefühl der Zufriedenheit. Ob wir nun das Richtige gewollt haben oder nicht, ist dann gar nicht mehr die Frage, sondern, dass wir nicht impulsiv, sondern stattdessen mit Überlegung gehandelt haben. Wenn wir nicht reagieren wollen, hilft es zu überlegen, ob es auch möglich ist, dass es ohne unser Zutun richtig läuft und in Ordnung ist. In 99 Prozent der Fälle können wir feststellen, dass es möglich ist, das Wollen loszulassen und dass das Resultat so in Ordnung und vielleicht sogar besser ist, selbst wenn wir es ganz anders wollten. Wenn wir natürlich reagieren wollen, dann sollten wir einschreiten, aber nicht impulsiv.

Belastende Gedanken loslassen

F: Wie kann ich konkret loslassen? In den letzten drei bis vier Tagen geht mir die ganze Zeit ein quälender und belastender Gedanke im Kopf herum. Ich habe es mit Achtsamkeit versucht und solange ich diese aufrechterhalten konnte, verschwand der Gedanke. Weil der Gedanke aber so dominant ist, konnte ich jedoch nur sehr viel kürzer als sonst achtsam sein. Auf der anderen Seite habe ich versucht, den belastenden Gedanken durch positive, angenehme Vorstellungen zu ersetzen. Das Resultat war so ähnlich wie bei der Achtsamkeit, nur kurzfristig.

A: Zunächst einmal musst du dir darüber im Klaren sein, dass du ja schon etwas kannst, wenn es wenigstens kurzfristig geht. Je länger und mehr wir üben, desto länger wird die Achtsamkeit anhalten, desto besser können wir es. Wenn immer wieder derselbe Gedanke hochkommt, können wir ihm auf den Grund gehen. Dazu fragen wir, warum wir diesen Gedanken haben. Die Antwort darauf lautet vielleicht, dass es uns sehr unangenehm ist, etwas zu haben oder nicht zu haben. Als Nächstes fragen wir uns, warum es uns so unangenehm ist. Die Antwort könnte sein, dass wir es gerne anders hätten. Weiter fragen wir, warum wir es gern anders hätten. Und so untersuchen wir unser Problem immer weiter. Wenn wir uns selbst gegenüber wirklich ehrlich sind und immer weiterfragen, wird sich am Ende die endgültige Antwort schon zeigen.

Motivation des Handelns

F: Häufig motivieren Begehren und Abneigung unser Handeln, auch in der Form von Hoffnung und Furcht. Manchmal ist es eine innere Unruhe, Rastlosigkeit oder Langeweile. Kannst du bitte darüber etwas sagen, über die Ursachen davon und den Umgang damit?
A: Der Buddha spricht von acht weltlichen *dhammas*. Das Wort *Dhamma* hat verschiedene Bedeutungen, klein geschrieben bedeutet es Phänomene statt Buddhalehre oder Naturgesetz. Diese acht weltlichen *dhammas* heißen: Gewinn und Verlust, Ruhm und Verleumdung, Glück und Unglück, Lob und Tadel. Diese acht gehören zusammen und bilden immer ein Paar. Wir streben jedoch immer nur vier an: Gewinn, Lob, Glück und Ruhm, und wollen die anderen vier nicht haben. Wir haben Angst davor,

sie zu bekommen. Auf der anderen Seite hegen wir die Hoffnung, dass wir nur die vier angestrebten bekommen. Daher haben wir Hoffnung und Furcht, was dasselbe ist wie Resultatdenken, das jedem zu Eigen ist, der es nicht schon mal erkannt und etwas dagegen unternommen hat. Wir wollen gelobt statt getadelt werden, wir wollen Ruhm bekommen, statt verleumdet zu werden, wir wollen glücklich statt unglücklich sein, und wir wollen Gewinn statt Verlust erlangen. Das kann sich auf der materiellen Ebene abspielen, aber auch auf der spirituellen Ebene – Resultatdenken bringt immer Unruhe und Rastlosigkeit mit sich. Langeweile bedeutet Ablehnung: Wir lehnen den Moment ab, das heißt dass wir in diesem Moment nicht achtsam sind. Wenn wir achtsam wären, gäbe es keine Langeweile, denn beide können nicht gleichzeitig existieren. Die Ablehnung ist in diesem Fall nicht stark genug, um in Abneigung umzuschlagen, deshalb schlägt sie einfach in Langeweile um. Aber Langeweile besagt auch, dass wir damit nichts zu tun haben wollen und wir einfach unzufrieden sind. Doch Hoffnung und Furcht sind einzig und allein auf das Resultatdenken zurückzuführen, dass wir nur die eine Sorte an Resultaten haben möchten, was jedoch unmöglich ist. Jeder Mensch erlebt beides. Auch der Buddha hat Ruhm und Verleumdung erfahren, auch Gewinn und Verlust.

Es kommt nicht darauf an, es zu haben, sondern darauf, was wir damit machen. Wir können nämlich erkennen lernen, dass es ebenfalls ganz flüchtig ist. Ruhm ist genau so vergänglich wie Verleumdung. Wenn wir auf beiden Seiten die Vergänglichkeit erkennen, das heißt von Lob und Tadel, Gewinn und Verlust, positiv und negativ, dann können wir das Resultatdenken aufgeben.

Wenn wir außerdem versuchen, unser Bestes zu geben, dann bekommen wir ein gewisses Zufriedenheitsgefühl, nicht Selbstzufriedenheit, sondern eine gewisse Zufriedenheit, sich hingegeben zu haben. Das erleichtert es, das Resultatdenken aufzugeben. Im Allgemeinen denken wir, dass wir anerkannt werden möchten, wenn wir schon unser Bestes gegeben haben. Das ist das normale Denken, aber es bringt nur Unruhe, denn vielleicht werden wir anerkannt und gelobt, aber darauf können wir uns doch nicht verlassen. Sich auf andere zu verlassen und davon abhängig zu sein, was andere tun, ist Unfreiheit und ein Abhängigkeitssyndrom, was der Buddhalehre widerspricht.

Schutz vor Negativität

F: Ich bin häufig mit negativen Menschen zusammen, denen ich nicht ausweichen kann. Danach fühle ich mich oft ausgelaugt, als wäre meine ganze Kraft weggenommen worden. Wie kann ich mich dagegen schützen?

A: Da gibt es ein gutes Schutzprogramm, das wirklich dagegen hilft; jedoch müssen wir es üben, denn wir können es nicht sofort und ohne weiteres. Dazu müssen wir in der Lage sein, uns selbst liebende Güte zu schenken, uns damit anzufüllen und zu umhüllen. Dann können die Negativitäten eines anderen nicht in uns hinein. Wir hören sie zwar und wir können auch versuchen in einer positiven Art und Weise darauf zu reagieren, aber sie können uns nichts mehr anhaben. Daher sollten wir jede Liebende-Güte-Meditation mit uns selbst beginnen und das auch im täglichen Leben praktizieren. Jeder Mensch hat im Alltag ein paar Minuten Zeit zwischendurch, um liebende Güte für sich selbst zu praktizieren, sowie für die Menschen, die sich im direkten Umfeld befinden. Dadurch fühlt sich unser Umfeld anders an. An manchen Plätzen haben wir ein angenehmes Gefühl, an anderen Orten ist es ein äußerst unangenehmes Umfeld, obwohl vielleicht kein Mensch etwas gesagt oder getan hat.

Mit dem Üben der Herzenswärme, der Zuneigung, der Freundschaft, der Hilfsbereitschaft für uns selbst, unser eigener bester Freund zu sein, der liebend und hilfreich uns selbst zur Seite steht, können wir unser nahes Umfeld verändern. Aber es ist wichtig, dies jeden Tag mehrere Male zu üben. Dann können wir mit diesen negativen Menschen leichter eine Beziehung aufrechterhalten. Sollten wir aber immer wieder trotz dieser Übung ein negatives Resultat bekommen, so spricht nichts dagegen, diese Situation zu verlassen, um das eigene Herz mehr zu stärken, sodass es die positiven Kräfte in sich mehr entwickeln kann, um mit solchen Situationen leichter fertig zu werden. Wenn wir ausweichen wollen, dann können wir es auch. Wenn wir die Situation verlassen, ist es sinnlos, den anderen dafür zu beschuldigen. Der Grund für das Verlassen der Situation liegt darin, dass wir ihr noch nicht gewachsen sind, was wir uns selbst gegenüber ehrlich zugeben sollten. Es ist vollkommen in Ordnung, denn es steht nirgendwo geschrieben, dass wir jeder Situation gewachsen sein müssen.

Praxis – wie viel?

F: Woher weiß ich, wie viel ich praktizieren muss, um keine Rückschritte zu machen?

A: Wir dürfen das Wort praktizieren nicht mit dem Wort meditieren verwechseln. Meditieren ist nur ein Teil der Praxis, die von morgens bis abends stattfindet. Die tägliche spirituelle Praxis bezieht sich darauf, dass wir unsere Gedanken beobachten, die unheilsamen in heilsame verwandeln, dasselbe mit den Emotionen, dass wir uns daran erinnern, so viel gutes *Karma* wie möglich zu machen. Wenn wir das machen, dann wissen wir, dass es ausreichend ist. Wenn wir das nicht machen, ist es bestimmt nicht genug. Das ganze Leben, das uns als Mensch eine große Chance für die Erleuchtung bietet, ist eine Erwachsenenschule, keine Abendschule; sie geht von morgens bis abends ohne Mittagspause.

Unsere Umwelt als Spiegel

F: In meinem Berufsleben begegne ich Menschen, deren Denken und Handeln stark von Macht, Neid, Rivalität und Konkurrenz bestimmt ist. Ich tendiere dagegen sehr zum Harmoniedenken, auch am Arbeitsplatz. Daher stoße ich immer wieder an Grenzen und kann diesen Widerständen noch nicht richtig begegnen. In diesem Zusammenhang haben mich deine Worte aufhorchen lassen: „Jeder ist ein Spiegel des anderen. In der Schöpfung sind wir Teile eines Ganzen und nicht getrennt voneinander zu sehen“. So etwa habe ich deine Worte verstanden. Das würde ich gerne etwas besser verstehen und durchdringen können.

A: Die Möglichkeit, das zu verstehen und zu durchdringen, ist hier in dem Meditationskurs viel besser gegeben als im Alltag. Wenn es im Berufsleben schon wieder rund geht, dann haben wir im Allgemeinen nicht mehr die Möglichkeit, uns klar zu überlegen, was vor sich geht. Hier könnten wir die Schwierigkeiten, denen wir begegnen, als Kontemplation benutzen. Dass die Menschen Macht, Neid, Rivalität und Konkurrenz in sich tragen, ist eine Tatsache, an der nichts zu ändern ist. Was wir jedoch ändern können, sind unsere eigenen Machtansprüche, unser Neid, Rivalität oder Konkurrenz, und das ist schon schwierig genug. Wenn es uns gelingt, diese Negativitäten in uns zu vermindern, so kann das einen sehr guten Einfluss auf unsere Umwelt ausüben. Das heißt nicht, dass wir den anderen zeigen, wie sie es richtig machen sollen, denn das ist auch wieder mit Rivalität verbunden. Wir müssen genau aufpassen, was in unserem Inneren vorgeht. Wenn wir effektiv keine Machtansprüche haben, kein Neid, keine Konkurrenz, und keine Rivalität von uns ausgeht, so erhalten wir es auch nicht zurückgespiegelt aus unserer Umwelt. Obwohl wir vielleicht intellektuell genau wissen, dass diese Charaktereigenschaften unerwünscht sind, so ist es noch lange nicht gesagt, dass wir sie nicht doch in uns tragen. Da müssen wir sehr genau auf uns selbst aufpassen und uns beobachten, denn vielleicht üben wir sie bei Kleinigkeiten aus. Beispielsweise bedeutet Harmonie anstreben, dass wir uns anders fühlen als die anderen, separiert und fremd. Die Harmonie, die uns am Herzen liegt, kann nur dadurch hergestellt werden, dass wir ein Gefühl der Gleichheit und der Zusammengehörigkeit mit den anderen teilen. Wenn aus den anderen etwas herauskommt, was unerwünscht ist, und wir erkennen es, so bedeutet das, dass es ein Spiegel ist. Wenn es kein Spiegel wäre, würden wir es nicht erkennen können. Das heißt also, wir wissen ganz genau, wie es sich anfühlt, Machtansprüche zu haben, neidisch zu sein, Konkurrenzansprüche zu haben, Rivalität zu empfinden. Wir sagen dazu: Nur ein Buddha kann einen Buddha erkennen. Wir wissen ja gar nicht, wie es sich anfühlt, Buddha zu sein.

Wir können aber erkennen, wie diese unangenehmen Empfindungen sich anfühlen, und daher ist diese Umwelt unser Spiegel. Daraus ist die Lernsituation zu entnehmen. Das ist ein wichtiger Punkt, dass alles, was um uns herum geschieht und uns berührt, eine Lernsituation ist. Nur sehr oft wissen wir nicht, was daraus zu lernen ist. Dazu müssen wir noch genauer hinschauen und untersuchen: „Was soll ich hier lernen?“ Alle Grenzen, die wir spüren, haben wir uns selbst gesteckt, daher können wir sie auch alle überwinden. Das ist nicht immer einfach. Wenn wir Widerstand richtig begegnen, löst er sich von alleine auf. Das heißt also, dass diese Lernsituation im Berufsleben ein ganz wichtiger Teil des eigenen Lebens ist. In dem Moment, da wir selbst mit liebender Güte arbeiten, das heißt uns selbst und die anderen damit beschützen, sind die eigenen Widerstände nicht mehr da. Die anderen Menschen mögen weiter ihre Widerstände haben, aber die eigenen sind nicht mehr da. Das heißt also, Harmonie ist nur möglich, wenn wir uns als zusammengehörig empfinden, und sie ist zu erreichen durch den Schutz der unpersönlichen Liebe uns selbst und den anderen gegenüber. Damit lässt sich ein Unterschied in der ganzen Atmosphäre am Arbeitsplatz in ziemlich kurzer Zeit spüren. Das ist gerade die Aufgabe eines Meditierenden, die ganz wichtig ist und die Umwelt reinigt. In dem Maße, wie wir selbst geläutert sind, ist unsere Umwelt gereinigt.

Mut zur eigenen Überzeugung

F: Hier in der Ruhe mit Menschen, die ebenfalls meditieren und achtsam sind, fällt es mir leichter, zur Ruhe zu kommen. In meinem Beruf geht es aber sehr hektisch

zu, sodass ich kaum die Kraft finde, mich regelmäßig zur Ruhe zu bringen. Auch fühle ich mich fremd, wenn ich meinen Weg gehe. Wie kann ich damit besser umgehen?
A: Bei anderen Menschen, die keinen spirituellen Weg gehen, benötigen wir den Mut zur eigenen Überzeugung. Lassen wir uns nicht davon abbringen, dann können wir auch Interesse bei anderen erwecken. Im Allgemeinen ist es hilfreich, sich auf diese Art mit anderen Menschen abzugeben, denn wir zeigen ihnen, das es noch etwas anderes gibt, dass wir achtsam sein können, dass wir sogar täglich meditieren können. Außer dem Mut zur eigenen Überzeugung ist es auch eine Klarheit, dass die weltliche, materielle Ebene noch nie jemanden zum inneren Glück gebracht hat. Das heißt nicht, dass wir missionieren, sondern wir gehen unseren eigenen Weg. Wir können uns auch einer Gruppe Meditierender anschließen und uns gegenseitig unterstützen, um zu vermeiden, dass wir uns fremd fühlen. Wenn es sehr hektisch zugeht und wir nicht die Kraft haben, zur Ruhe zu kommen, so liegt das meistens daran, dass im Berufsleben das Resultatdenken im Vordergrund steht, statt der Achtsamkeit auf unsere Tätigkeit. Wenn die Achtsamkeit auf dem ruht, was wir tun, und wir nicht daran denken, was noch alles unerledigt ist, dann vergeuden wir keine Energie. Wenn wir auch nicht daran denken, dass wir anerkannt oder gelobt werden möchten, sondern unser Bestes geben, dann bleibt die innere Kraft ebenso bestehen.

Energieverlust im Alltag

F: Mir gelingt es mittlerweile, im Alltag meinen Geist durch die Übung nach Buddhas Anweisungen friedvoll

und positiv denkend zu halten. Oft sind in meiner Umgebung aber Einflüsse, überwiegend Reaktionen anderer Menschen negativer Art, die meinen Geist so sehr beuteln, dass trotz angestrengter Bemühungen in solchen Zeiten ich immer mehr Kraft und Energie verliere und ich letztendlich mich auch nicht mehr in der Meditation konzentrieren kann. Dann fühle ich mich schlapp, hilflos und auch entmutigt. Was kann ich außer der Liebenden-Güte-Meditation, die ich ja nicht überall sofort an Ort und Stelle mangels Platz und Zeit praktizieren kann, sonst noch tun, um meine Energie nicht immer so sehr zu verlieren? Wie komme ich zu mehr innerer Stabilität in diesem Zusammenhang? Wie kann ich immer wieder üben, wenn ich mich so kraftlos fühle?
A: Negatives Denken macht energielos und nimmt innere Kraft. Im Allgemeinen sehen wir das schon am Gesichtsausdruck. Üben können wir nur mit Entschlusskraft, denn sonst können wir auch nichts lernen. Als wir klein waren, mussten wir sogar üben, um laufen zu lernen. Wir sind wieder und wieder hingefallen und aufgestanden. Manchmal waren wir vielleicht müde davon, aber immer wieder haben wir das Laufen geübt. Und jetzt laufen wir seit Jahrzehnten ohne Probleme. Wer nicht üben will, kann nicht erwarten, dass daraus etwas wird. Für die Liebende-Güte-Meditation benötigen wir weder Platz noch Zeit, sondern lediglich ein liebendes Herz. Wir können das sogar im Stehen und überall machen. Einen liebenden Gedanken und ein liebendes Gefühl in uns hochzubringen, dauert eine Millisekunde.

Dumpfes Gefühl bei meditativer Haltung im Alltag

F: Wenn ich versuche, im Alltag eine meditativere Haltung einzunehmen, zum Beispiel mich beim Spaziergang auf die Bewegung des Körpers oder auf die Sinneswahrnehmungen zu konzentrieren, tritt ein dumpfes, leeres Gefühl in mir auf. Was kann ich damit machen? Wenn ich auf dem Meditationskissen sitze, passiert das nicht.

A: Dabei könnten zwei Dinge fehlen. Als erstes schlage ich vor, dass du, bevor du den Spaziergang machst und dich auf die Bewegung des Körpers oder auf die Sinneswahrnehmung konzentrieren willst, erst einmal liebende Güte für dich selbst hochbringst, damit der Geist auf eine Bewusstseinsebene kommt, auf der er sich leicht und beschwingt fühlt. Es sind die Bewusstseinsebenen der Liebe, der Hilfsbereitschaft, der Dankbarkeit, der Hingabe, auf denen wir uns leicht und beschwingt fühlen. Und die können wir jederzeit hochbringen, wenn wir uns darauf konzentrieren. Das könnte eine Hilfe dabei sein. Das dumpfe und leere Gefühl, das dabei auftritt, könnte auf zwei Dinge zurückzuführen sein. Das eine ist, dass die Konzentration nur mangelhaft, also nicht wirklich vorhanden ist, und das fühlt sich dann ziemlich dumpf und leer an, aber es kann auch darauf zurückzuführen sein, dass Ablehnung gegen diese Übung vorhanden ist. Dabei sagt der Geist: „Wozu denn das alles? Ich bin doch schon immer spazieren gegangen. Ich weiß doch, wie man spazieren geht. Was soll mir das?“ Beides sind Möglichkeiten für dieses dumpfe, leere Gefühl. Daher beginnen wir mit der liebenden Güte für uns selbst und schließen vielleicht auch gleich noch die Natur um uns herum mit ein. Und dann verwenden wir dieses innere

Gefühl dazu, um die Konzentration zu schärfen und jegliche Ablehnung fallen zu lassen. Das dürfte vielleicht helfen, auch außerhalb der Meditation nicht so etwas zu empfinden.

Eigene Reaktionen erkennen

F: Wenn ich der Buddhalehre folge, dann habe ich eine hohe Erwartung an mich und bin umso mehr betroffen und mir meiner Fehlreaktionen bewusst. Meine Reaktionen auf meine Fehlreaktionen machen mir sehr zu schaffen, da ich immer mehr sensibilisiert werde. Wie kann ich das ändern?

A: Das Wort „sensibilisiert" würde ich mit dem Wort „achtsam" ersetzen. Wir passen besser auf uns auf, was nur zu befürworten ist. Daher erkennen wir unsere Reaktionen besser. Wenn dann eine Fehlreaktion eingetreten ist, so kommt scheinbar noch eine Reaktion hinzu, die das ablehnt und sich darüber ärgert. Auch hier müssen wir üben: Erkennen, nicht tadeln, ändern. Diese vier Worte sollten wir uns aufschreiben und so anbringen, dass wir sie möglichst oft sehen, uns ständig daran erinnern und es auch machen. Wir müssen uns auch darüber im Klaren sein, dass wir hier einem Übungsprozess folgen, der Zeit braucht. Das lernen wir nicht alles von einem Tag auf den anderen. Wir haben unsere Gedanken und Gefühle Jahrzehnte lang auf eine gewisse Art und Weise benutzt; es benötigt Zeit, um es zu ändern. Das *Dhamma*, die Lehre des Buddhas, ist um 180 Grad entgegengesetzt zu all dem, was sich in der Welt befindet. Daher können wir nicht erwarten, dass wir das sofort ändern können, aber wir können besser auf uns aufpassen. Wir können auch nicht erwarten, dass wir sofort alles verstehen, denn es ist ein langsamer Prozess. Dieses weltliche Denken, das wir so lange praktiziert haben, rutscht immer wieder in das Spirituelle hinein. Für diesen Weg benötigen wir viel Geduld und Ausdauer.

Angst vor dem Alleinsein

F: Du hast gestern schon von Ängsten gesprochen. Kannst du noch etwas zu der Angst vor dem Alleinsein sagen? Ich habe nämlich oft große Angst davor, allein zu sein und verlassen zu werden. Das ist in einer Beziehung jetzt auch geschehen. Wenn ich versuche zu hinterfragen, erkenne ich, dass ich das als Kind oft erlebt habe und mich nicht gewollt fühlte. Ich spüre immer noch tiefen Schmerz dabei, auch in der Meditation. Was oder welche Meditation kann hier helfen?

A: Angst vor dem Alleinsein ist dasselbe wie Angst vor dem Tod. Als Kind hat man sehr oft Angst davor, allein zu sein. Wieso schreien die Kinder, wenn die Mutter einkaufen geht und nur die Großmutter dableibt? Angst vor dem Alleinsein bedeutet nicht, dass die Eltern einen nicht geliebt haben. *Dukkha* beginnt nicht erst, wenn wir erwachsen werden, sondern bei der Geburt. Die meisten Kinder haben sogar Angst vor der Dunkelheit, was dieselbe Angst ist. Uns mit dem eigenen Tod auseinanderzusetzen und liebende Güte für uns selbst zu praktizieren, sind die beiden Möglichkeiten der Kontemplation und der Meditation, um uns über diese Schwierigkeiten hinwegzuhelfen. Wir können mit dem eigenen Tod so einig werden, dass keine Angst mehr hochkommt. Liebende Güte für uns selbst ist ein ganz wichtiger Prozess, der nicht gleich über Nacht funktioniert, sondern der immer wieder geübt werden muss. Und zwar so lange, bis es sich einmal wirklich so anfühlt, dass uns mit diesem Menschen, den man sehr gut kennt und der „Ich" heißt, eine innige Freundschaft verbindet und wir ihm all seine Dummheiten verzeihen können. Das heißt nicht, dass wir sie wiederholen sollten, sondern dass wir sie uns verzeihen können.

Buddhismus und Psychotherapie

F: Ich habe vor etlichen Jahren selbst Psychotherapie gemacht und dabei sehr vielen negativen Gefühlen in Bezug auf meine Eltern Raum gegeben. Es waren wohl die üblichen Kränkungen und Verletzungen, die ich als Kind erlebt habe. Für mich war es ab dann möglich, meinen Eltern wieder viel offener, verständnisvoller und liebevoller zu begegnen, wo ich vorher oft regelrecht blockiert war. Der buddhistische Weg ist ein ganz anderer. Wie siehst du das?

A: Der buddhistische Weg ist genau derselbe. Wir müssen uns darüber klar werden, welche negativen Gefühle in uns sind, das heißt, ihnen Raum zu geben, sie zu erkennen und nicht zu unterdrücken. In dem Moment, da wir sie und auch die Gründe dafür erkannt haben, die eventuell in Kränkungen oder Verletzungen bestehen, ist es möglich, sie abzubauen. Denn wir können nur das auflösen, was wir erkannt haben. Wir können den Eltern nicht offener, verständnisvoller und liebevoller begegnen, wenn wir immer weiter diesen negativen Gefühlen Raum geben. Auch hier gilt wieder die Formel: Erkennen, nicht tadeln, ändern. Es ist ein guter Weg für die Psychotherapie, sich damit zu beschäftigen, aber nur, wenn nicht gesagt wird, dass diese negativen Gefühle, die wir den Eltern gegenüber hegen, berechtigt seien. Denn sonst ist der ganze Weg verbaut und wir können die negativen Gefühle nicht loslassen. Glauben wir nämlich, dass die Gefühle berechtigt seien, so behalten wir sie. Aber wenn wir sehen, dass sie uns selbst nur das Leben erschweren, dann können wir sie ändern. Diese Gefühle für berechtigt zu halten, ist auf jeder Ebene und allen Menschen gegenüber ein Fehlgedanke. Denn negative Gefühle sind nie berechtigt. Auch hier können wir erkennen, dass nur wir selbst unser Leben gestalten und kein anderer.

Therapie und Praktizieren des Buddhismus

F: Mich beschäftigt sehr, was du gestern Abend in der Fragestunde erläutert hast: Wir sind, was wir denken und fühlen; denken wir schlecht und fühlen wir schlecht, werden wir so auch sein und handeln. In der Psychologie und Therapie, mit der ich mich beschäftige, ist ein Ziel, alten Schmerz, Wut und Trauer wieder zu erleben, um sie dann loslassen zu können und neue Wege zu gehen. Ist das ein falscher Weg? Wir gehen durch viele Schmerzen und negative Gefühle hindurch, immer wieder; wir suchen sie ja sogar. Verfestigen wir sie dadurch noch mehr? Und können wir diese Wege – Beschäftigung mit Therapie und Praktizieren des Buddhismus – parallel gehen? Oder arbeiten diese Wege gegeneinander?

A: Ja, wir können diese beiden Wege parallel gehen, aber wir können nicht den Buddhismus an die Therapie anpassen, sondern umgekehrt. Und das wird immer wieder falsch gemacht und falsch verstanden. Der Buddhismus ist weitreichender und größer. Zum Umgang mit altem Schmerz, Wut oder Trauer gibt der Buddha die folgenden Erklärungen: Die Vergangenheit ist unwiderruflich vorbei, die Zukunft ist nichts als eine Hoffnung, und das einzig Existierende ist die Gegenwart, dieser eine Moment. Wenn wir in diesem Moment immer wieder das Alte hochbringen, das heißt wir erleben diese Unannehmlichkeiten von Trauer, Wut oder Schmerz wieder, so findet dies in der Gegenwart statt. Damit verfestigen wir sie nämlich immer mehr und graben tiefere Furchen in den Geist, die aus Trauer, Schmerz oder Wut bestehen. Je tiefer die Furchen werden, desto schwieriger wird es, herauszukommen. Es wird auch manchmal damit verglichen, dass wir unseren Müll beim Entsorgen nicht einzeln untersuchen und uns bei jedem Stück fragen, was das war oder gewesen sein könnte. Wir werfen den Müll weg und sind froh, dass er entsorgt ist. So sieht es der Buddha. Wenn es uns nicht möglich ist, brauchen wir therapeutische Hilfe, die für viele Menschen ein großer Vorteil sein kann und vollkommen in Ordnung ist. Dieses Furchen graben im Geist ist auch der Grund, warum wir so schnell wie möglich das Negative und Unheilsame mit dem Heilsamen und Positiven ersetzen sollen. Je länger wir das Negative in uns tragen, desto mehr Eindruck macht es auf den Geist. Je seltener wir Negativitäten in uns tragen, desto weniger müssen wir uns damit abgeben. Es ist nämlich im Prinzip ganz einfach. Wir haben nur die Tendenz – und das haben eigentlich alle Menschen – aus den einfachsten Dingen komplizierte Gedankenkonstrukte zu machen. Jeder möchte doch gerne glücklich sein! Wieso machen wir uns jedoch selbst unglücklich? Das ist eine wichtige Kontemplation.

Ratschläge

F: Wenn ich im täglichen Leben Achtsamkeit übe, werde ich viel vorsichtiger mit Urteilen und Ratschlägen. Bei vielen unangenehmen Gefühlen bemerke ich, dass ich sie selbst gemacht habe. Nun bin ich aber sehr verunsichert, ob das bedeutet, dass ich überhaupt niemandem mehr einen Ratschlag geben kann. Wie merke ich, ob ich ihm nur meine Interpretation des Lebens aufdränge oder ob ein Ratschlag für den anderen wirklich in eine positive Richtung weisen kann? Oder soll ich mich doch am besten ausschließlich mit meinem eigenen *Karma* beschäftigen?

A: Es bleibt uns gar nichts anderes übrig, als uns nur mit unserem eigenen *Karma* zu beschäftigen. Denn auch wenn wir jemandem einen Ratschlag erteilen, so machen wir *Karma*. Was der andere dann damit macht, ist sein *Karma*. Es gibt nicht die Möglichkeit, sich in irgendeines anderen Menschen *Karma* hineinzuzwängen, zu drängen oder ihm etwas aufzuoktroyieren. Jeder ist der Eigentümer seines *Karma*. Es kommt immer wieder der falsche Gedanke hoch, dass wir irgendetwas mit dem *Karma* eines anderen zu tun haben. Anderen Menschen Ratschläge zu erteilen, ist ein zweischneidiges Schwert. Sollte dieser Ratschlag funktionieren, dann haben wir wahrscheinlich einen Freund. Aber es ist auch sehr leicht möglich, dass dieser Ratschlag überhaupt nicht funktioniert. Und dann glaubt der andere, dass derjenige, der ihn gegeben hat, schuld ist. Sollten wir allerdings einen Beruf ausüben, in dem wir Ratschläge geben müssen, dann müssen wir dies erst einmal richtig erlernen, sonst können wir diesen Beruf ja nicht ausüben. Dabei halten wir uns an gewisse vorgegebene Richtlinien. Wenn uns andere Menschen dringend um Rat bitten, so wäre es wahrscheinlich höchst unfreundlich, nicht zu versuchen, sich in ihre Situation hineinzudenken. Aber wenn wir nicht gebeten werden, ist es viel besser, wenn wir die Hände davon lassen. Ratschläge, die wirklich stimmen, sind nicht die Ratschläge, die ein Mensch geben kann, der in der Ich-Illusion lebt. Jeder Ratschlag, der einem Menschen gegeben wird und den wir geben können, solange wir noch in der Ich-Illusion gefangen sind, ist immer nur Interpretation, nichts anderes. Ich würde sagen, dass wir mit diesen Ratschlägen sehr vorsichtig umgehen sollten.

Resultatdenken bei der Arbeit

F: Ich bin mir darüber im Klaren, dass die Qualität meiner Arbeit von der Achtsamkeit abhängt, mit der ich sie verrichte. Muss ich nicht aber auch, wenn ich voll verantwortlich arbeiten und handeln will, ein bestimmtes Resultat meiner Arbeit anstreben?

A: Nein, im Gegenteil! Das Resultatdenken nimmt die ganze Kraft weg. Was wir anstreben, ist immer wieder das Beste zu tun, das wir können, und die Resultate sein lassen. Wenn wir Resultate erwarten, sind wir abhängig von den Meinungen anderer, was auch Angst und Unsicherheit bringt. Dann können wir nicht unser Bestes geben, weil ja unsere Achtsamkeit geteilt ist zwischen dem, das Beste zu tun, und den erhofften Resultaten. Das, was wir tun können, tun wir so gut es uns möglich ist. Weiter ist nichts anzustreben. Resultatdenken bringt Unruhe in den Geist. Zum Beispiel bei der Meditation: Wenn wir uns auf das Kissen setzen und wir dann nichts anderes im Kopf haben als die Resultate, können wir überhaupt nicht meditieren. Wenn wir uns halb konzentrieren und halb an die Resultate denken, da haben wir die halbe Zeit zur Verfügung. Wenn wir uns aber einfach hinsetzen und dabei bleiben und den Geist in den Atem fallen lassen und überhaupt keine Resultate im Kopf haben, dann können wir es viel besser. Jegliches Resultatdenken bei der Meditation bringt eine Verminderung der Konzentrationsfähigkeit. Genauso ist es bei der Arbeit, dieses Resultatdenken bringt eine Verminderung der Achtsamkeit. Entweder wir sind achtsam oder erwarten Resultate.

Schwierigkeiten mit Menschen

F: Es gibt Menschen, die zu schwierig scheinen, wenn wir uns noch am Anfang des Pfades befinden. Ich habe gelesen, dass wir diese, um nicht immer wieder zurückzufallen und es dann letztendlich aufzugeben, meiden sollten, wie eine Herde wilder Elefanten. Es sind die Menschen, die einen oft provozieren.

A: Wenn wir uns in einer Situation zusammen mit Menschen befinden, auf die wir ständig negativ reagieren, so sollten wir Folgendes tun: Zuerst sollten wir versuchen, durch die eigene liebende Güte die Situation zu verändern. Wenn aber unsere liebende Güte noch nicht so weit entwickelt ist, dass da überhaupt eine Chance besteht, und wir merken, dass wir immer wieder negativ werden, dann können wir uns aus dieser Situation entfernen, aber nicht indem wir den anderen beschuldigen, sondern mit dem Verständnis, dass wir dieser Situation noch nicht gewachsen sind. Dann haben wir einen demütigen und wahrheitsgetreuen Tatsachenbefund. Es steht auch nirgends geschrieben, dass wir jeder Situation gewachsen sein müssen, sondern wir sollen nur lernen. Wenn wir gelernt haben, können wir in dieser Situation und mit diesem Menschen ein ganz anderes Verhältnis eingehen. Die Lehrrede vom Buddha besagt nicht, dass wir diese Menschen meiden sollten wie eine Herde wilder Elefanten, sondern er zählt die Dinge auf, die wir meiden sollten, wovon eins eine Herde wilder Elefanten ist, das andere sind Menschen, die einen immer wieder zur Negativität reizen. Auf jeden Fall beschuldigen wir nicht den anderen, sondern wir wissen, dass wir es noch nicht können, obwohl wir es versucht haben. Wenn wir spüren, dass wir provoziert werden, so sollten wir auch das einmal untersuchen, denn sehr häufig stimmt das überhaupt nicht. Das kann an der Unsicherheit des Menschen liegen, von dem wir glauben, dass er uns provoziert. Vielleicht wünscht er sich Zuspruch oder dass wir ihm einmal erklären, was wir wirklich machen. Das muss nicht so sein, aber es bestehen die Möglichkeiten.

Eine Schöpfung

F: Ich habe mir Gedanken darüber gemacht, was ich in diesem Kurs will. Die Idee, als ich losfuhr, war, dich, Ayya Khema, kennen zu lernen und mir selbst ein Stück näher zu kommen. Das, was du sagst, kann ich im Geist meist gut nachvollziehen, doch praktisch ist das oft weit entfernt von meinem menschlichen weltlichen Sein. Bis heute bin ich mir auch schon ein Stück näher gekommen, indem ich deutlich festgestellt habe, dass ganz viele Gedanken da sind, die es kaum ermöglichen zu erleben. Nach der Liebenden-Güte-Meditation des Verzeihens gestern Abend war ich sehr traurig, es ist mir überhaupt nicht gelungen, etwas zu verzeihen, weder mir noch anderen. Ich halte fest an meinen Anklagen und Erwartungen. Der Geist sagt: „loslassen“, aber wie? Es geht nicht. Genauso ist es mit „erkennen, nicht tadeln, ändern“ – ich erkenne das Gefühl von Neid, nicht tadeln, es tut weh, das mag ich nicht, eine klare Ablehnung, und dann verändern. Ich weiß, ich sollte es mit Mitfreude ersetzen, ein kläglicher Versuch, der Neid bleibt. Glaubst du, ich sollte mir die Mitfreude so lange einreden, dass der Gedanke Gefühl werden kann? Glaubst du, mit Geduld und Ausdauer wird sich mein Herz dem liebenden Gefühl öffnen können? Glaubst du durch den Versuch, mich auf den Atem zu konzentrieren, werde ich die Mauern um die Liebe brechen können? Das ist alles so weit weg.

A: Erstens einmal ist es überhaupt nicht weit weg, denn die Liebe ist uns so nah wie unser eigenes Herz. Zweitens ist „weit weg“ ein Gedanke, der es in die Ferne schiebt. Sich Mitfreude einzureden, ist nicht sinnvoll, denn es bedeutet ja, dass wir uns etwas vormachen, was nichts nutzt. Aber Mitfreude zu denken und zu erkennen, dass wir es nur denken und nicht empfinden, ist sehr hilfreich, denn die Gedanken sind auch Sinneskontakte und jeder Sinneskontakt bringt ein Gefühl mit sich. Wenn wir es oft genug denken, so wird es auch ein Gefühl. Wenn wir etwas oft denken, so erhält der Geist die Nachricht, dass es da sein soll, was sich dann im Gefühl niederschlägt. Je öfter wir Unheilsames denken, desto mehr verbreitet es sich. Für die Mitfreude ist es besonders hilfreich zu wissen, zu erkennen und vielleicht auch zu erleben, dass wir nicht separat und nicht allein auf uns selbst gestellt sind, sondern dass wir ein Teil der ganzen Schöpfung sind. Empfinden wir Mitfreude, dann erleben wir Freude mit einem Teil der Schöpfung, in dem auch wir uns befinden. Ob wir selbst diese Freude empfunden haben oder ob ein anderer etwas Schönes erlebt hat und wir uns mitfreuen können, Freude bleibt immer Freude, die wir nicht unbedingt selbst erleben müssen. Das ist die egozentrische Idee des weltlichen Denkens: Es soll uns gehören. Das spirituelle Denken lautet jedoch: Wie schön, dass es noch Gutes in der Welt gibt, damit wir uns mitfreuen können. Wir sehen zum Beispiel jemanden, der schön ruhig sitzt und scheinbar gut meditiert, und wir freuen uns mit, was auch unsere eigene Meditation verbessert. Da alles eine Schöpfung ist, gehört alles zusammen.

Mit Geduld und Ausdauer können wir das Herz dem liebenden Gefühl öffnen, aber wir müssen uns daran erinnern, das immer wieder zu tun. Jede Begegnung mit anderen Menschen können wir als eine Herausforderung betrachten, um dieses Gefühl der Liebe in uns zu erwecken. Wenn es nicht funktioniert, dann versuchen wir immer wieder. Auch hier hilft natürlich die Einsicht, dass wir ja keinen anderen lieben, sondern wir nur die Liebesfähigkeit des eigenen Herzens empfinden. Da alles eine Schöpfung ist, gibt es ja gar keinen anderen. Wenn wir das einmal in uns wirklich hochbringen können, haben wir schon die meisten Probleme, die wir je haben können, überwunden. Denn die meisten Probleme haben mit unseren zwischenmenschlichen Beziehungen zu tun, und dabei ist dieses Gefühl der Zusammengehörigkeit eine große Hilfe.

Sinn des Lebens

F: Ich habe mir schon oft gewünscht, nie geboren worden zu sein, weil ich in diesem Erdendasein keinen Sinn erblicken kann. Jetzt höre ich von dir, dass ich ausgesprochen gutes *Karma* angesammelt haben muss, um in

einem menschlichen Körper zu stecken, einem Körper, der Krankheit, Tod und Verfall unterworfen ist.
A: Dies – Verfall, Krankheit, Tod – waren die drei Boten, die den damaligen Prinzen Siddharta Gotama, der später der Buddha wurde, auf den Weg brachten. Als er das sah, wusste er, dass er einen Weg finden will, der der Menschheit zeigen kann, wie wir da herauskommen. Der Wunsch, nicht geboren zu sein, ist gleichbedeutend mit der Todessehnsucht. In unserem Dasein hier keinen Sinn erblicken zu können, ist nicht so ungewöhnlich, denn das Materielle ist ja nicht zufrieden stellend. Den Sinn und Zweck eines menschlichen Lebens können wir mit einer Schule für Erwachsene vergleichen. In dieser Schule gibt es, wie in jeder Schule, Examen, durch die die meisten Menschen mehr als einmal durchfallen und dieselben Fehler wiederholen. In jeder Schule müssen wir die Klasse wiederholen, wenn wir die Prüfung nicht bestanden haben. Oft machen wir dieselben Fehler mehr als einmal. Beim vierten oder fünften Mal ist es leicht möglich, dass wir aufwachen und merken, dass wir das schon öfter getan haben und es noch nie funktioniert hat. Dann fragen wir uns, wieso wir das nicht ändern. Und beim sechsten Mal ist es dann gut möglich, dass wir das Examen bestehen und in die nächste Klasse kommen. In dieser Schule gibt es viele Klassen, die uns alle die Läuterung lehren, sodass es uns eines Tages ganz leicht fällt, dieses Examen zu bestehen. Und wenn wir das letzte Examen bestanden haben, dann können wir die Schule verlassen. Das wird dann auch „Erleuchtung“ genannt. Aber bis dahin müssen wir reichlich üben.

Umgang mit schwierigen Menschen

F: Wie gehe ich im Buddhismus mit Menschen um, die ständig klagen, wie schwer sie es haben und dass eine andere Person daran schuld sei; und dass der andere selbst ja von Glück reden kann, dass er es besser habe? Auf der einen Seite habe ich selbst Mitgefühl und Verständnis, weil ich die Schwächen der Person erkenne, warum es ihr so schwer fällt, für sich selbst verantwortlich zu sein. Auf der anderen Seite kann ich das Klagen über die Jahre hinweg nicht mehr hören. Gleichzeitig ist es ein Mensch, der mir nahe steht und der von seiner Religion her sehr stark in Schuld und Sühne verhaftet ist.
A: Einem Menschen, der uns nahe steht, können wir nur mit Liebe und Mitgefühl begegnen. Es gibt nichts anderes. Wenn dann wieder die Idee hochkommt, dass wir das Gesagte schon so oft gehört haben, dann lassen wir dies fallen und bringen wieder Liebe und Mitgefühl hoch. Was sollen wir sonst machen? Wir haben ja gar keine Wahl. Eine Möglichkeit wäre, sich zu ärgern, und die andere Möglichkeit, Liebe zu schenken. Damit ist die Wahl wohl ganz deutlich. Und jedes Mal, wenn wir uns ärgern, wissen wir, dass wir noch weiter üben müssen.

F: Wenn ich den Mitmenschen liebevoll begegne, ernte ich im weltlichen Leben oft nur das Gegenteil, weil es mir als Schwäche ausgelegt wird. Diese Erfahrung mache ich besonders, seit ich eine Vorgesetztenfunktion übernommen habe. Im Privatleben kann ich solche Menschen meiden, im Berufsleben nicht mehr. Wie gehe ich damit um?
A: Die schwierigen Menschen zu meiden, ist nicht der Weg der liebenden Güte, sondern es ist immer wieder der Weg, den wir einschlagen, um unserem *Dukkha* zu

entkommen, aber wir entkommen nie. *Dukkha* dient dazu, uns die Lernsituationen bereitzustellen. Wenn also unsere Umwelt, wie in diesem Fall gesagt wird, uns als schwach betrachtet, weil wir versuchen, liebevoll zu sein, dann sollten wir einmal genau hinschauen, ob wir tatsächlich als Vorgesetzter schwach sind. Liebevoll und schwach sein passt überhaupt nicht zusammen. Liebe ist Stärke, Kraft und Energie, die sich bemerkbar macht, wo immer wir sind. Hier müssen wir uns selbst untersuchen, weshalb die Umwelt so seltsam reagiert, wie wir es ja gar nicht wollten. Was hier als Zweites auch noch wichtig ist zu untersuchen, ob wir nicht wieder etwas bekommen möchten. Möchten wir für unsere liebevolle Zuneigung und unser liebevolles Benehmen dann auch liebevoll behandelt werden? Das wäre genau der falsche Weg, denn Liebe verschenken wir als reines Geschenk. Solange wir erwarten, etwas zurückzubekommen, befinden wir uns auf der Marktplatzebene. Also wir verschenken liebende Güte und erwarten nicht, etwas zurückzubekommen. Und die Umwelt können wir als Anzeichen benutzen, was vor sich geht und wieso es so falsch ausgelegt wird.

F: Ich habe immer mehr Schwierigkeiten mit Menschen, die mich aus meiner Sicht mit belanglosen Dingen anreden. Ich kann die Dinge leider nicht an mir vorbeirauschen lassen, sondern ich bin danach voll. Meine Schwierigkeit ist, dass ich es als verlorene Zeit sehe. Ich habe Mitgefühl für das Leben dieser Menschen und sehe, dass sie andere Maßstäbe und Werte haben. Trotzdem ist es mir auf Dauer zuviel. Freunde kann ich mir selbst aussuchen, Kollegen und Klienten nicht. Wie gehe ich aus buddhistischer Sicht damit um?

A: Wenn wir ständig negativ beeinflusst werden, das heißt, dass die eigenen Gedanken immer wieder negativ darauf antworten, dann sollten wir uns aus dieser Situation entfernen. Aber nicht, indem wir die Menschen, die uns zu dieser Negativität bringen, beschuldigen, sondern mit dem Verständnis, dass wir unser Mitgefühl noch nicht weit genug entwickelt haben, um eine solche Situation zu meistern. Wenn wir uns nicht entfernen können, dann müssen wir erdulden und noch mehr Mitgefühl in uns entwickeln. Es hat überhaupt keinen Sinn, uns ständig negativ beeinflussen zu lassen. Selbst wenn wir uns nicht entfernen können, dann können wir erkennen, dass diese Situation für uns da ist, damit wir recht viel daraus lernen, und dann begrüßen wir sie.

F: Mich begleitet ein großes Problem, das ich als existenziell empfinde, und ich kann es nicht loslassen. Immer wieder taucht es in meinen Gedanken auf, obwohl ich versuche, mich auf den Augenblick zu konzentrieren. Gestern habe ich mir dann eine Stunde genommen und alles aufgeschrieben, was mir dazu einfiel. Dann wurde mir leichter, aber heute spüre ich dieselbe Sorge wieder. Was kann ich tun?
A: Zuerst fragen wir uns, wieso wir dieses Problem haben. Die Antwort lautet wahrscheinlich, dass es uns so nicht passt, wie es ist. Wir wollen entweder unbedingt etwas loswerden oder unbedingt etwas haben, was immer es sei. Ob es nun gerechtfertigt ist oder nicht, was wir unbedingt haben oder loswerden möchten, hat damit überhaupt nichts zu tun. Als Nächstes fragen wir uns, wieso wir es denn unbedingt loswerden wollen. Ist es etwa lebensbedrohend? Außer unserer Geburt ist nichts

lebensbedrohend, denn alles andere ist Nebensache. Alles, was geboren ist, muss sterben. Und so fragen wir immer weiter. Weil dieses Problem immer wieder hochkommt, ist es unmöglich, sich nur mit dem Augenblick zu beschäftigen. Die letzte Antwort bei diesem Frage-und-Antwort-Spiel lautet: Ego. Aber es nutzt uns überhaupt nichts, das zu wissen oder das vor sich hin zu sagen, denn wir müssen selbst bis zu diesem Punkt kommen. Wir können erst dann loslassen, wenn wir diese Antwort selbst erleben. Es kann eine lange Kette von Fragen und Antworten sein, aber es kann wirklich helfen. Wir verwenden also die Meditationszeit für diese Fragestellung und erkundigen uns bei uns selbst, wieso und warum das Problem vorhanden ist und was wir wollen.

Vorprogrammiertes Verhalten

F: Ist es wirklich wahr, dass wir als Menschen, weil wir es so gelernt haben, nichts anderes tun als uns selbst und andere bei Laune zu halten?

A: Ja, bei guter oder bei schlechter Laune. Die Hauptsache ist, etwas zu tun und nie zu akzeptieren, was ist. Die Frage zeigt, dass der Fragende schon so eine Idee hat, dass es so ist. Was wir verallgemeinern können und was uns immer wieder geschieht, ist Folgendes: Wir haben vier Teile des Geistes. Erstens den Sinneskontakt oder das Sinnesbewusstsein – sehen, hören, riechen, schmecken und berühren. Als Zweites folgt ein Gefühl, das entweder angenehm, unangenehm oder neutral ist. Weil wir nicht achtsam genug sind, spüren wir die neutralen nicht. Außerdem sind sie ganz in Ordnung, denn sie sind auf jeden Fall nicht unangenehm. Darauf folgt drittens die Wahrnehmung, das Etikettieren, und dann schließt sich als Viertes unsere Reaktion an. Bei den angenehmen Gefühlen besteht die Reaktion im Haben-, Behalten- und Wiederhaben-Wollen, bei den unangenehmen im Loswerden-Wollen, und zwar so schnell wie möglich. Das geschieht Tag für Tag, von morgens bis abends. Es ist ein vorprogrammiertes Verhalten, mit dem wir es die ganze Zeit zu tun haben. Die meisten Menschen werden sich dessen nie bewusst, weshalb sie es auch nicht beenden können. Ob wir das als „bei-Laune-halten" bezeichnen können, weiß ich nicht, auf jeden Fall funktionieren wir so. Erst wenn wir meditieren, kontemplieren, achtsam werden, wird uns dieser Ablauf mit den vier Teilen des Geistes bewusst. Mit diesem Ablauf haben wir ständig zu tun, weil wir ja mit der Reaktion etwas erreichen wollen. Sobald uns das bewusst wird, ist es möglich, einzuschreiten, statt immer diese Vorprogrammierung ablaufen zu lassen.

Körper und Krankheit

F: Seit Tagen beschäftigt mich ein Thema: Der Körper unterliegt Krankheit und Verfall. Da ist leider nicht daran zu rütteln, aber es ist mein vergängliches Werkzeug für dieses Leben und wenn ich damit gut umgehe, wird es mir bis zum Tod gut dienen. Wenn es zur schweren Krankheit kommt, war es bisher für mich ein Zeichen von Disharmonie meines seelisch-geistigen Zustandes und das daher zu überprüfen und, so gut es geht, zu reparieren. Meinst du, es gibt auch Körper*karma*? Ich bin verwirrt. Ich wäre dir verbunden, wenn du einmal davon sprichst. Ich arbeite therapeutisch und habe bisher in Entsprechungen gedacht.

A: Es gibt einen Ausspruch des Buddhas, der diese Frage deutlich beantwortet. Der Buddha hat gesagt, dass ein unerleuchteter Mensch von zwei Pfeilen getroffen werde und ein erleuchteter Mensch nur von einem. Die zwei Pfeile, von denen ein unerleuchteter Mensch getroffen wird, sind die Schmerzen in Körper und Geist. Auf die Krankheiten und die Unannehmlichkeiten, die jeder Körper erlebt, wird im Geist reagiert, sodass sich der Geist dann auch unangenehm fühlt. Wohingegen der Erleuchtete nur einen Pfeil hat, der ihn trifft, und das sind die Unannehmlichkeiten des Körpers. Es gibt natürlich *karmische* Resultate, aber der Buddha hat außerdem gesagt, dass im Allgemeinen *Karma* so ineinander verwoben sei wie ein Spinnennetz, bei dem wir weder Anfang noch Ende des Fadens finden können. Wir können ebenso weder Anfang noch Ende der *Karma*verwobenheiten finden. Das bedeutet nicht, dass wir nicht in diesem Leben doch einige Zusammenhänge erkennen können und sollten, wie etwas geschehen ist, weil wir die Ursache in die Wege geleitet haben. Das ist möglich, aber die ganzen Verwobenheiten von *Karma*, das mitgebracht wurde und was mit dem Körper geschieht, ist unmöglich genau zu erkennen. Als einzige Praxisübung haben wir den Weg des Gleichmuts. Der Körper ist so, wie er ist, und der Geist muss davon nicht in Mitleidenschaft gezogen werden. Natürlich ist das eine Riesenherausforderung, denn der Geist wird mit allem, was der Körper will, tut, macht oder nicht macht, konfrontiert. So haben wir natürlich psychosomatische Zustände, die dadurch kommen, dass wir von zwei Pfeilen getroffen werden. Die Verwobenheiten von *Karma* gehören zu den vier Dingen, die der Buddha nicht erklärt hat, denn er hat gesagt, dass es uns nichts helfe auf dem Weg zur Erleuchtung, diese genauen Zusammenhänge zu wissen. Und wenn wir erleuchtet sind, wissen wir das sowieso.

F: Haben körperliche Schmerzen etwas mit *karmischen* Resultaten zu tun? Wenn ja, könnte ich an solchen Resultaten ein Stück Erkenntnis über mich gewinnen? Oder besteht da die Gefahr, einfach zu interpretieren?
A: Körperliche Schmerzen können mit *karmischen* Resultaten zu tun haben, müssen aber nicht. Wenn wir versuchen, das zusammenzubringen, so ist das nicht im Sinne des Buddhas. Der Buddha hat gesagt, dass *Karma*, Ursache und Wirkung, so verwoben wie ein Spinnennetz sei. Wir können meistens nicht feststellen, woher diese Wirkungen kommen. Wir können uns nur darum bemühen, jetzt gutes *Karma* zu machen. Deshalb ist diese Untersuchung, aus welchen *karmischen* Ursachen körperliche Schmerzen entstanden sind, nicht sehr erfolgreich. Aber wir können ein sehr interessantes Stück Erkenntnis über uns gewinnen mit körperlichen Schmerzen, nämlich dass wir sie nicht ausstehen können. Dazu müssen wir nicht erst altes *Karma* untersuchen. Und dann können wir auch noch erkennen, dass dieses Nicht-Ausstehen-Können und Ablehnen negativ ist, daher schlechtes *Karma* bedeutet. Das sollten wir auch sofort erkennen können.

Wir sind ständig auf der Suche nach körperlichem Komfort, weil wir unseren Geist von körperlichem Komfort oder körperlichen Unannehmlichkeiten vollkommen beeinflussen lassen, was aber nicht nötig ist. Wir können uns darüber hinwegsetzen. Selbstverständlich haben wir eine Schmerzgrenze. Aber die Schmerzen, die uns nur unseren Komfort wegnehmen, sind lange unter der

Schmerzgrenze, sodass es zum Beispiel bei der Sitzstellung sehr häufig vorkommt, wenn wir noch nicht viel geübt haben, dass ein unangenehmes Körpergefühl auftritt. Dann sollten wir beobachten, wie wir damit umgehen. Im Allgemeinen bewegen wir uns sofort weg von diesem *Dukkha*. Natürlich kommt es sehr bald wieder, und dann müssen wir wieder weg. Daraus können wir entnehmen, was wir von morgens bis abends tun. Da können wir schon zu guten Erkenntnissen über unseren Umgang mit *Dukkha* gelangen. Wir sind ständig dabei, dem *Dukkha* aus dem Weg zu gehen, indem wir uns bewegen, nicht nur körperlich, sondern auch geistig, und vor dem wegzulaufen, was das *Dukkha* verursacht haben soll.

Bei der Sitzstellung können wir das ganz einfach feststellen. Wir haben einen Sinneskontakt, einen Berührungskontakt in diesem Fall. Alle Sinneskontakte haben ein Gefühl zur Folge, anders geht es nicht. Es gibt drei Arten von Gefühlen: angenehm, unangenehm und neutral. Die neutralen Gefühle merken wir im Allgemeinen nicht, weil wir gar nicht achtsam genug sind, aber sie stören uns auch nicht, weil sie wenigstens nicht unangenehm sind. Wir haben also tagtäglich von morgens bis abends mit angenehmen und unangenehmen Gefühlen zu tun, die durch unsere Sinneskontakte hervorgerufen wurden. Und dann kommt als nächster Schritt das Etikettieren, den wir im Allgemeinen vollkommen übergehen, in diesem Fall das Wort „Schmerz" und dann die Reaktion: weg damit. In der Sitzhaltung wollen wir dann so schnell wie möglich die Stellung ändern. Wenn wir das einmal beobachten und nicht nur einfach automatisch reagieren, wie wir es immer machen, dann zurückgehen zu diesem Berührungskontakt, ohne uns wegbewegt zu haben, und einmal feststellen: „Aha, Berührungskontakt, unangenehmes Gefühl, genannt Schmerz, kann ich nicht ausstehen!“, dann haben wir etwas ganz Wichtiges über uns selbst gelernt. Noch dazu haben wir gelernt, dass wir dabei sofort negatives *Karma* machen. Alles was wir ablehnen und nicht leiden können, macht negatives *Karma*.

Das heißt also, statt auf die altbekannte Art und Weise zu reagieren, einfach zu diesem Berührungskontakt zurückzugehen und ihn objektiv als solchen zu betrachten. Dann gehen wir zum Meditationsobjekt zurück. Das kann jeder immer wieder ausprobieren, denn das unangenehme Gefühl kommt ja zurück. Und wenn wir das versucht haben, so haben wir gelernt, dass wir nicht reagieren müssen, sondern können, wenn wir wollen. Wir können auch einmal ohne zu reagieren auskommen. Welch eine Erleichterung! Dann sagt der Geist wahrscheinlich: „Ja, das ist ja alles schön und gut und interessant, aber so kann ich nicht sitzen.“ Dann müssen wir uns eben umsetzen. Aber erst einmal lernen wir kennen, was wir eigentlich jedes Mal tun, wenn der Körper nicht ganz komfortabel ist. Wir haben außerdem noch die absurde Idee, dass körperlicher Komfort uns sozusagen an der Wiege versprochen wurde. Kein Mensch hat uns etwas versprochen, körperlichen Komfort am wenigsten, weil es nämlich unmöglich ist. Mit dem Körper ist immer irgendetwas los. Das heißt also, dass wir aus körperlichen Schmerzen viel lernen können. Dabei ist es am wichtigsten, dass wir nicht reagieren müssen und ausprobieren können, wie es ist, wenn wir einmal nicht reagieren. Es ist nämlich sehr erleichternd und wir können das im täglichen Leben gut gebrauchen. Aber wir schauen nicht auf die *karmischen* Resultate, sondern wir lernen daraus. Was wir da erfahren, den Sinneskontakt, das Gefühl, das Etikett und die Reaktion sind die vier Teile, aus denen der Geist besteht. Da haben wir so ein wunderbares Programm, mit dem wir die ganze Zeit beschäftigt sind, und es wäre für jeden ernsthaft Praktizierenden von großem Gewinn, wenn er einmal dieses Programm löschen und ein neues aktivieren würde. Das brauchen wir ja nur kurzfristig zu machen, wir können zu dem alten wieder zurückkehren, denn wir sind ja schon so daran gewöhnt. Aber kurzfristig können wir ein neues ausprobieren, das Nicht-reagieren heißt, und einfach den Sinneskontakt erleben.

Jede Meditation mit Liebe für sich selbst beginnen

F: Seit ungefähr einem Jahr meditiere ich täglich. Seitdem hat sich in meinem Alltagsleben einiges verändert. Ich bin ruhiger und in vielen Bereichen und Momenten achtsamer geworden. Aber seit einiger Zeit habe ich große Probleme während der Meditation, ich bin unkonzentriert, zweifle an mir und an der Methode, so als ob die konkreten Veränderungen gar nicht zählen würden. Kannst du mir hierfür eine Erklärung geben und vielleicht auch einen Hinweis, wie ich das verändern kann?

A: Das bedeutet, dass du dich selbst nicht genug liebst. Jede Meditation sollten wir mit liebender Güte für uns selbst beginnen. Beispielsweise könnten wir uns an alles Gute, was wir getan haben, erinnern und Dankbarkeit hochkommen lassen, dass wir diesen Weg gefunden haben. Wir entwickeln ein Gefühl des Akzeptierens, der

Herzenswärme, der Freundschaft für uns selbst. Dann können diese Zweifel sich sehr leicht wieder auflösen. Zweifel an uns selbst ist eine negative Reaktion auf uns. Jeder Mensch, der noch nicht den ersten Schritt auf dem Weg zur Erleuchtung gemacht hat, leidet an Zweifel. Das ist unser fünftes Hindernis. Aber wir können dem Zweifel mit dem hier Erklärten entgegenwirken.

Leistungsgesellschaft

F: Wie kann ein praktizierender Buddhist in einer Leistungsgesellschaft bestehen? Ist die Buddhalehre nicht die Weltverneinung?

A: Nein, das wird sehr häufig falsch verstanden, die Buddhalehre ist nicht die Weltverneinung. Es gibt eine relative und eine absolute Wahrheit. In der relativen Wahrheit ist jeder Einzelne vorhanden als eigene Person. In der relativen Wahrheit müssen wir uns irgendwie behaupten, über die Runden kommen, damit wir zum Beispiel eine Familie ernähren können. Wir müssen irgendwie die weltlichen Anforderungen bestehen. Das ist in der relativen Wahrheit vollkommen richtig. Die Buddhalehre zeigt jedoch, dass es eine absolute Wahrheit gibt, die das transzendiert. Dazu müssen wir aber üben und nicht die Welt verneinen. Solange wir einen Körper haben, sind wir ein Teil dieser Welt, und in dieser Welt müssen wir üben. Wir können beispielsweise unsere Prioritäten erkennen und ändern. Wer wirklichen Frieden und Glück in sich geschaffen hat, hat die größte Leistung vollbracht, die überhaupt möglich ist. Es ist ganz interessant, dass unsere Gesellschaft das hoch anerkennt und auch spürt. Es ist etwas, was kaum jemand leistet. Wenn wir etwas darstellen oder jemand sein wollen, dann würde noch weniger daraus. Es ist einzig und allein das Verständnis, das sich ganz allmählich durch Üben einstellt, dass die weltliche Ebene, die Marktplatzebene, die Alltagsebene noch nie jemanden wirklich befriedigt hat. Daher haben wir eine Möglichkeit, die Dinge, an denen wir so fest anhaften, loszulassen, wofür wir üben müssen. Und Loslassen und das Üben des Loslassens ändern den Menschen.

Egoismus und Resignation

F: Wenn alle meine Handlungen nichts Bleibendes hinterlassen, muss ich dann nicht ganz passiv sein und ist das nicht die letzte Konsequenz des Egoismus und der Resignation?

A: Die letzte Konsequenz aus dieser Frage ist, dass wir nur handeln, wenn die Handlungen bleibend sind. Ist das tatsächlich so? Oder handeln wir nicht von morgens bis abends? Die Logik, dass wir nur handeln, wenn das Resultat bleibend ist, existiert wohl nicht. Im Gegenteil! Aus dieser Frage wird ersichtlich, dass die Vergänglichkeit nicht akzeptiert wird, sondern zur Resignation führt. Es ist aber das Gegenteil der Fall: ein Grund zur Erleichterung! Der Druck und der Stress, den wir uns alle selbst auferlegen, weil wir haben, anhaften, behalten und sein wollen, werden und jemand darstellen wollen, ist vollkommen weg. Die Dinge sind so, wie sie sind. Das hat nichts mit resignieren zu tun. Es ist eine Erleichterung, eine andere Bewusstseinsebene. Dazu kann ich nur sagen: üben und Vergänglichkeit kontemplieren. In diesem Fall sind Blockaden dagegen aufgebaut, die du dir anschauen solltest. Auch das ist eine Lernsituation. Es gibt nichts, aus dem wir nicht lernen könnten. Aus den Unannehmlichkeiten lernen wir im Allgemeinen am meisten.

Sich im Alltag in Probleme verstricken

F: Bei der Kontemplation wurde mir klar, wie unwichtig ich, meine Probleme und Gefühle sind. Was kann ich tun, damit ich mich im Alltag nicht – trotz dieser Erkenntnis – wieder in Probleme verstricken lasse? Bei anderen Kursen habe ich die Erfahrung gemacht, dass Erkenntnisse wieder in den Hintergrund traten und verblassten.

A: Das ist ein sehr verbreitetes Phänomen. Erkenntnisse sind wie Fremdsprachen: Sie müssen benutzt werden. Wenn wir eine Fremdsprache lernen und dann nicht benutzen, geht sie sozusagen in den Hintergrund unserer Erinnerung und wir müssen sie erst wieder eine Weile üben, bis wir sie erneut fließend sprechen können. Erkenntnisse, die wir hatten, müssen wir ständig benutzen, sonst gehen sie in den Hintergrund und werden vergessen. Das heißt also, dass wir uns diese Erkenntnisse, die wir hatten, täglich vor Augen halten sollten. Die Vergänglichkeit beispielsweise gehört zu den fünf Betrachtungen, die der Buddha uns überliefert hat und empfohlen, sich diese täglich anzuschauen. Dies sollten wir immer wieder tun, nicht nur einmal am Tag, sondern so oft wie möglich. Bis es einmal so klar ist, dass es überhaupt nicht mehr verloren geht. Dann können wir es leben, was zu innerem Frieden führen kann. Es ist nicht möglich, inneren Frieden zu finden durch anhaften an dem, was wir glauben, haben zu müssen. Auch das ist eine interessante Liste, die wir erstellen könnten: Was benötigen wir eigentlich alles für unser Glück? Also, alle

Erkenntnisse und Einsichten, die im Kurs hochkommen, müssen wir immer wieder verwenden. Wenn es schwierig ist, sich diese im Gedächtnis zu behalten, dann sollten wir sie aufschreiben. Das Aufschreiben des Gefühls, das dabei hochgekommen ist, ist ebenso hilfreich. Das sind alles Hilfsmittel, die uns das Leben erleichtern können, wenn wir sie anwenden.

Sich abgrenzen

F: Mein Ego hat nicht so richtig gelernt, sich abzugrenzen. Darf es sich überhaupt egoistisch abgrenzen, gerade wenn es um die Zeiten der Meditation oder grundsätzlich die ganze Lebensführung geht? Hier taucht einiger Konfliktstoff zwischen zwei Egos auf.

A: Wenn ein Mensch der Hilfe bedarf, dann geben wir natürlich unsere Zeit, auch wenn sie noch so günstig für die Meditation zu verwenden wäre. Wenn uns aber Menschen besuchen, sich gern unterhalten wollen oder sich überhaupt in irgendeiner Weise mit uns beschäftigen wollen, so können wir das zeitlich anders einrichten. Hilfestellung muss manchmal sofort sein. Wenn sich aber Menschen nur unterhalten wollen und uns dann keine Zeit mehr zur Meditation bleibt, sollten wir uns fragen, worüber wir uns unterhalten. Vielleicht geht es sogar gegen die vierte Tugendregel, die unter anderem lautet, dass wir das Schwatzen unterlassen. Erst wenn wir uns selbst meditativ und kontemplativ schon auf eine höhere Ebene gebracht haben, ist es uns überhaupt möglich, uns auf einer höheren Ebene zu unterhalten. Edle Freunde und edle Unterhaltungen sind die zwei allgemeinen Gegenmittel gegen alle unsere Hindernisse. Edle Unterhaltung bedeutet nicht einfach Unterhaltung.

Ohne Meditation oder Kontemplation ist es kaum anzunehmen, dass wir edle Unterhaltungen führen. Daher sollten wir uns Zeit für die Meditation nehmen und die ganze Lebensführung darauf ausrichten. Wenn andere Menschen unbedingt Zeit von uns brauchen, dann teilen wir uns das so ein, dass es nicht die Meditationspraxis stört. Aber das ist nicht mit einer sofortigen Hilfestellung zu verwechseln.

Kontrolle und loslassen

F: Humor, Leichtigkeit, lachen und dauernde Selbstkontrolle und Selbstbeobachtung – wie passt das im Alltag zusammen?

A: Humor sollten wir über uns selbst haben. Wenn wir über uns selbst lachen können, dann nehmen wir uns nicht mehr ganz so wichtig. Selbstbeobachtung ist ein besseres Wort als Selbstkontrolle, denn das hört sich sehr nach einer willentlichen Unterdrückung an. Selbstbeobachtung bedeutet Achtsamkeit auf die eigenen Gedankeninhalte und die eigenen Emotionen und das Ersetzen des Unheilsamen mit dem Heilsamen. Das ist der Läuterungsprozess. Was hat das mit Humor zu tun? Humor erleichtert uns das Leben, weil wir nicht mehr alles so ernst nehmen. Denn im Prinzip ist überhaupt nichts ernst zu nehmen. Vielleicht kommt die Selbstbeobachtung eines Tages dahin, dass wir über uns selbst lachen können. Der Läuterungsprozess des Etikettierens der Gedanken ist die vierte Grundlage der Achtsamkeit, die wir bei der Meditation – wenn sie nicht konzentriert ist – und auch außerhalb der Meditation anwenden sollten. Die vierte Grundlage der Achtsamkeit bedeutet, den Inhalt unserer Gedanken zu wissen und während der Meditation mit einem Etikett zu versehen. Es geht dabei nur darum, der Beobachter zu sein. Wir wenden das Etikettieren erst dann an, wenn wir merken, dass wir wieder beim Fantasieren sind, was nicht zu tadeln ist, sondern zu erkennen. Erkennen und dann ändern durch das Etikettieren. Wenn wir im täglichen Leben etikettieren, wird uns endlich einmal klar, was in unseren Gedanken vor sich geht.

Umgang mit Medien

F: Für wie schädlich hältst du die Medien, wenn wir um inneren Frieden bemüht sind? Ich bin da im Zwiespalt: Einerseits tun mir viele Sendungen im Fernsehen nicht gut, andererseits möchte ich einigermaßen informiert sein. Manchmal finde ich dann das Knöpfchen zum Ausschalten nicht.

A: Hier müsstest du einmal untersuchen, worüber du informiert sein möchtest. Wer gerade getötet wurde oder wo Kriegszustände herrschen oder wer im Fußball gewonnen hat? Worüber müssen wir wirklich informiert sein? Wenn wir uns klar gemacht haben, dass wir informiert sein müssen, sollten wir uns weiterfragen, wieso das so sein muss. Werden wir am nächsten Tag abgefragt? Oder wollen wir uns damit auf einfache und primitive Art und Weise ablenken? Das sollten wir genau untersuchen. Häufig geschieht es, dass wir uns einreden, informiert sein zu müssen. Politiker müssten wissen, was gerade Schlechtes über sie geschrieben wird, damit sie sich verteidigen können. Aber wer muss sonst noch informiert sein?

Karma

F: Wenn wir uns darum bemühen, liebevoll, mitfühlend und hilfsbereit zu sein, müssten wir ja nach dem *Karma*gesetz positive Wirkungen bei uns und anderen erzielen. Das heißt, das eigene Leben würde positiver. Wenn jetzt trotzdem unangenehme Ereignisse eintreten, wie schwere Krankheit und so weiter, stammt das dann aus einem früheren Leben und kann ich durch momentanes gutes *Karma*machen nicht verhindern, dass so etwas eintritt?

A: *Karma* ist nicht wie ein Bankkonto, bei dem Soll und Haben notiert werden, sondern mehr wie eine Buchführung, die immer weitergeht. Wir kennen sicher alle reizende Menschen, denen andauernd irgendetwas Schlimmes passiert. Und dann kennen wir wahrscheinlich auch Menschen, bei denen wir uns wundern, dass es ihnen so gut geht. Das ist das Gesetz des *Karmas*, das unmöglich zu durchschauen ist, es ist wie ein Spinnennetz, bei dem Anfang und Ende nicht zu finden und die Fäden ganz verwoben sind. Wir können nicht sagen, dass kein altes schlechtes *Karma* mehr auf uns zukommt, wenn wir jetzt gutes *Karma* machen. Wenn wir jetzt gutes *Karma* machen, dann werden wir der Erbe davon sein. Aber was vorher war, kann auch noch auf uns zukommen. Es gibt natürlich auch Möglichkeiten, bei denen schlechtes *Karma* nicht zum Tragen kommt. Wir haben beispielsweise unsere Situation so vollkommen verändert, dass das *Karma* verjährt und es keine Kraft mehr hat. Aber wenn es starkes schlechtes *Karma* war, dann setzt es sich immer durch. Wenn es schwaches schlechtes *Karma* war, dann kann es im Laufe der Zeit verloren gehen.

Hierzu gibt es eine Geschichte von einem der größten Jünger Buddhas, Mahamogallana, der schon erleuchtet war und trotzdem von Räubern getötet wurde. Es wird gesagt, sie seien so grausam gewesen, dass sie seine Knochen zu Pulver zerschlagen haben. Daraufhin gingen die anderen Mönche zum Buddha und fragten ihn, wieso dieser erleuchtete, vollkommen reine Mensch so getötet wurde. Der Buddha erwiderte darauf, dass Mahamogallana in dem Leben davor angeordnet hatte, seine Eltern zu töten. Das ist ein derartig schlechtes *Karma*, dass es sogar noch einen Erleuchteten trifft. Natürlich ahnen wir nicht, welches *Karma* wir mitgebracht haben. Es hat auch gar keinen Sinn, sich darüber den Kopf zu zerbrechen, denn es ist nur wieder eine Flucht vor dem Jetzt. Stattdessen können wir nur annehmen, dass unser Leben leichter sein wird, je mehr gutes *Karma* wir jetzt machen, aber es braucht Zeit. Denn auch das gute *Karma*, das wir jetzt machen, muss sich erst durchsetzen. Deshalb müssen wir uns immer wieder bemühen, aber eines Tages fließt es viel einfacher und wir spüren es ganz deutlich.

Nicht-reagieren

F: Mithilfe der Buddhalehre gelingt es mir mittlerweile ganz gut, im Alltag nicht auf alles zu reagieren, sondern stattdessen achtsam auf alles zu sein. Treffe ich jedoch mit Menschen zusammen, im Beruf oder auch in der Familie, die unachtsam sind und beispielsweise rechte Rede nicht beachten, die laut oder aggressiv sind, reagiere ich zwar nicht mehr so wie früher, dafür befallen mich aber oft eine starke Unruhe und körperliche Schmerzen, im Magen oder im Herzbereich. Im Zusammensein mit

Freunden versuche ich, mich zu distanzieren, was aber bei Familienmitgliedern oft nicht möglich ist. Was soll ich in dieser Situation tun? Oder wie kann ich Unruhe und körperliche Schmerzen vermeiden? Ich dachte schon, dass ich dies aushalten müsse. Aber andererseits bin ich auch geneigt anzunehmen, dass an meiner Denkweise bezüglich des Aushalten-Müssens etwas nicht stimmt.

A: Das Aushalten ist nicht ganz falsch. Der Buddha hat oft davon gesprochen, dass wir die Unannehmlichkeiten im Leben aushalten müssten und von ihnen lernen könnten, aber Unruhe und körperliche Schmerzen sind nicht nötig. Die angemessene Reaktion auf diese unangenehmen Gefühle, die durch die verschiedenen Menschen hochkommen, wären Mitgefühl und liebende Güte. Das müssen wir immer wieder üben. Nun ist es bei Familienmitgliedern gar nicht anders möglich, denn die können wir ja nicht so ohne weiteres loswerden. Bei Freunden haben wir schon eher die Möglichkeit, uns neue auszusuchen. Aber auch da ist es hilfreich, auszuhalten und immer wieder Mitgefühl für diese Menschen hochzubringen. Denn was geschieht, wenn sie zum Beispiel die rechte Rede nicht beachten? Sie machen schlechtes *Karma*. Das heißt also, dass wir sie nicht ablehnen müssen, sondern wir können stattdessen Mitgefühl für ihre Schwierigkeiten aufbringen. Es ist die einzig sinnvolle Reaktion, mit der wir uns auch selbst schützen. Und es ist einfacher, als einen Menschen, den wir ablehnen, zu lieben. Wir können es uns zwar einreden, aber es ist doch sehr schwierig. Wenn uns ein Mensch bedrängt und wir uns von ihm eingeengt fühlen, so ist das die persönliche Reaktion auf deren

Aussagen, die wir ja ganz leicht überprüfen können, ob sie überhaupt stimmen. Und wenn wir feststellen, dass diese nicht stimmen, dann versuchen wir sogleich, liebende Güte zu entfalten. Denn dann entstehen diese körperlichen Schmerzen bestimmt nicht, weil beides gleichzeitig nicht möglich ist. So bietet diese Situation schon eine Möglichkeit des Lernens.

Dann können wir diesen Menschen auch noch dankbar sein, dass sie einen dazu anleiten, das Nicht-Liebenswerte zu lieben. Denn nur auf die Art lernen wir wirklich liebende Güte. Das Liebenswerte lieben kann jeder und wir haben es alle schon gemacht; es ist überhaupt kein Kunststück. Was wir aber noch nicht gemacht haben und ein Kunststück ist, wollen wir lernen. So können wir dankbar sein, dass diese Menschen vorhanden sind. Dazu gibt es eine herrliche Zen-Geschichte, die ich bei dieser Gelegenheit erzählen möchte. In einem Zen-Zentrum lebte ein Zen-Meister mit seinen Schülern. Einer dieser Schüler war sehr unangenehm und niemand konnte ihn ertragen. Er hat sich immer unbeliebt gemacht, indem er großspurig, hochnäsig und überheblich war. Eines Tages beschloss dieser unangenehme Schüler, die Gemeinschaft zu verlassen. Er packte seine Sachen und zog los. Alle atmeten auf. Daraufhin lief ihm der Zen-Meister nach und holte ihn wieder zurück. An dem Abend noch fragten ihn natürlich die anderen: „Wir waren doch froh, diesen unangenehmen Menschen los zu sein. Wieso holst du ihn wieder zurück?“ Darauf antwortete der Zen-Meister: „Ich bezahle ihn doch dafür, dass er hier ist.“

F: Wenn andere etwas tun, das uns nicht gefällt, ist es nur unsere Reaktion, das uns ein Problem erzeugt. Ist

das so richtig? Also wäre die Lösung doch das Nicht-reagieren. Gibt es eine Grenze, etwa wenn mir Schaden zugefügt wird, ab der ich doch reagieren sollte oder muss? Wenn ja, wer oder was legt diese Grenze fest?
A: Die Grenze legt jeder selbst fest. Aber vom Buddha gibt es eine Geschichte zu diesem Nicht-reagieren, die hilfreich sein kann. Die Brahmanen waren Gegner des Buddhas, denn er hat ganz deutlich erklärt, dass Anbetung und Verehrung von Göttern nichts bringe, wenn man nicht selbst den Läuterungsprozess vollzieht. Die Brahmanen waren damals die Priesterkaste und sind es auch heute noch. Sie verdienten ihren Lebensunterhalt damit, dass sie die „Vermittler" waren zwischen der Bevölkerung und den vielen Göttern, die es im Hinduismus oder im Brahmanismus gibt. Da der Buddha dies abgelehnt hat, waren sie seine Gegner. Viele von ihnen wurden jedoch von der Lehre des Buddhas überzeugt, aber viele auch nicht. Einmal kam ein Brahmane zu einem Vortrag, einer Lehrrede des Buddhas. Anstatt sich ruhig hinzusetzen, wie es höflich gewesen wäre, lief er ständig vor dem Buddha hin und her, während er gesprochen hat. Dann hat ihn der Brahmane unterbrochen, hat ihn beschimpft und gesagt, dass er eine falsche Lehre verbreite. Alles, was er lehrt, habe überhaupt nichts mit der Wahrheit zu tun, er verunsichere nur die Bevölkerung. Der Buddha blieb ganz ruhig und wartete, bis der Brahmane seine Tirade gegen ihn beendet hatte. Darauf fragte ihn der Buddha in ruhigem Ton: „Brahmane, hast du manchmal Gäste in deinem Haus?" Der Brahmane war natürlich über diese Reaktion äußerst erstaunt. Was hatte das damit zu tun, dass er den Buddha beschimpft hatte? Aber er antwortete

ihm dann doch: „Ja, natürlich habe ich öfter mal Gäste im Haus." Darauf fragte der Buddha weiter: „Und wenn du Gäste im Haus hast, offerierst du ihnen dann Speise und Getränke?" Darauf meinte der Brahmane: „Natürlich biete ich meinen Gästen Essen und Getränke an. Gastfreundschaft ist doch selbstverständlich." Der Buddha fragte weiter: „Und wenn sie nun deine Speisen und Getränke nicht annehmen, wem gehören sie dann?" Der Brahmane erwiderte: „Mir natürlich." Da meinte der Buddha: „Du hast ganz recht. Es gehört dir." Dies war seine Antwort auf die Schimpferei und Diffamierung des Brahmanen. Wenn wir es nicht annehmen, dann gehört es dem anderen. Und das sind die Grenzen, die wir setzen können.

F: Soll das Nicht-reagieren der Buddhisten bedeuten, dass wir uns alles gefallen lassen?
A: Es ist sicher ganz klar, dass das nicht damit gemeint ist.

F: Im Christentum gibt es einen „heiligen Zorn" …
A: Ich weiß nicht, was „heiliger Zorn" ist. Wer weiß denn, ob Zorn „heilig" ist? Aber ich möchte dringend darauf hinweisen, dass Mensch Mensch ist. Ob er nun Buddhist oder Christ ist oder überhaupt eine Religionszugehörigkeit hat, ist jedes Menschen persönliche Wahl. Und ich möchte eindringlich darum bitten, zwischen den Menschen keine Unterschiede zu machen, welcher Religion sie angehören oder nicht. Damit haben wir schon derartig viele Tragödien erlebt, dass es bestimmt an der Zeit ist, damit mal aufzuhören.

F: Was tue ich, wenn die Kinder in der Schule misshandelt werden, ich beim Autokauf betrogen werde und der Nachbar den Grenzzaun einreißt?
A: Wenn das alles einer Person passiert ist, dann können wir da nur Mitgefühl haben. Eventuell ist es auch nur Theorie, weil es ja sehr viel auf einmal ist.

F: Da werde ich doch fuchsteufelswild. Oder wäre das nicht berechtigt?
A: Wenn wir noch nicht lange geübt haben, dann werden wir ganz sicher fuchsteufelswild. Der Buddha hat dazu folgendes Gleichnis gegeben. Wenn wir uns ärgern und einem anderen Menschen diesen Ärger mitteilen möchten, so ist es, wie wenn wir glühende Kohlen mit nackter Hand hochheben und versuchen, sie auf den anderen zu werfen. Wer verbrennt sich zuerst? Dabei müssen wir uns klar machen: Wer macht das schlechte *Karma*? Und wenn wir das nicht erkennen, dann sollten wir uns überlegen, wer schlechtes *Karma* macht, wenn wir fuchsteufelswild werden. Das kann doch nur derjenige sein, der fuchsteufelswild wird. Wenn wir in den Angelegenheiten, die hier beschrieben werden, etwas unternehmen können, dann sollten wir das natürlich tun. Wenn wir mit einem liebenden und mitfühlenden Herzen handeln, dann haben wir eine Chance, dass es funktioniert. Können wir uns einmal vorstellen, was geschieht, wenn wir fuchsteufelswild auf diese Menschen losgehen? Wenn wir den Nachbarn attackieren, der den Grenzzaun ruiniert hat, dann kann doch höchstens passieren, dass der auch fuchsteufelswild wird. Und dann haben wir unsere nachbarliche Ruhe wahrscheinlich auf Jahre hinaus verspielt, was ja häufig genug vorkommt. Wozu

das alles? Können wir nicht einmal gesunden Menschenverstand benutzen, uns etwas zähmen und anschauen, worum es hier wirklich geht? Es geht um die Läuterung des eigenen Herzens und das eigene *Karma* so zu gestalten, dass es eine Unterstützung für uns ist, statt eines ewigen Hindernisses. Wenn uns also etwas geschieht, was uns überhaupt nicht gefällt, so haben wir erstens mal *Dukkha*. Das ist deutlich zu sehen. Was machen wir dann mit dem *Dukkha*? Werfen wir mit glühenden Kohlen auf den anderen, damit er auch *Dukkha* hat? Der andere hat doch auch ohne uns schon ausreichend *Dukkha*. Wer die glühenden Kohlen wirft, macht sich noch mehr *Dukkha*, weil er damit nämlich schlechtes *Karma* gemacht hat. Wenn wir etwas unternehmen können, was in diesen Fällen durchaus sein kann, dann hat es überhaupt nur einen Sinn, wenn wir das in Ruhe und Frieden, mit Vernunft, Liebe und Mitgefühl machen. Ob das Erfolg hat oder nicht, ist eine zweite Sache, aber das erste hat bestimmt keinen Erfolg.

F: Ich habe noch nicht ganz verstanden, was du mit Nicht-reagieren meinst. Ich arbeite in einer Klasse mit verhaltensauffälligen Kindern. So ungefähr jede Minute bricht an irgendeiner Stelle in der Klasse ein Konflikt aus, der meist sehr massiv ausgetragen wird. Wir können uns das so wie ein ständig aufflackerndes Lauffeuer vorstellen. Ich denke, wenn ich diese Feuerausbrüche nicht immer und immer wieder möglichst geduldig lösche, bricht dort ein Großbrand aus. Wie soll ich mir in dieser Situation das Nicht-reagieren vorstellen? Meinst du, wenn ich mich aus all diesen Konflikten heraushalte und eine meditative Geisteshaltung einnehme, was natürlich

wahnsinnig schwer ist, dass sich die Kinder dann von selbst beruhigen?
A: Es wäre vielleicht mal einen Versuch wert, aber das habe ich gar nicht gemeint mit Nicht-reagieren. Nach dieser Erzählung sollten wir annehmen, dass in so einer Klasse etwas geschehen muss. Es ist gar nicht möglich, nichts zu tun. Aber das Nicht-reagieren bezieht sich auf die eigene emotionale Reaktion darauf. Da können wir uns beispielsweise fragen: „Rege ich mich jetzt auf darüber, dass sie schon wieder anfangen, Unsinn zu machen, oder ärgere ich mich, dass sie überhaupt nicht auf mich hören, oder bin ich resigniert, dass sie nie auf mich hören, oder tut es mir schon leid, dass ich mir diesen Beruf ausgesucht habe, oder werde ich deprimiert davon, dass so wenig Erfolg zu sehen ist?“ Bei verhaltensgestörten Kindern ist es schwer, Erfolg zu sehen. Und alle diese Reaktionen, die ich da eben aufgezählt habe, sind ein Reagieren. Aber die Situation in Ordnung zu halten, ohne sich emotional daran zu binden, ist eine Notwendigkeit. Vieles müssen wir aus Verpflichtung oder Verantwortung tun, aber nicht auf der emotionalen Ebene. Das ist den meisten Menschen nahezu unbekannt, aber gerade hier in dieser Situation ist es leicht verständlich. Also du musst handeln und irgendwie Ruhe in diese aufgeregte Klasse hineinbringen, aber nicht so, dass sich diese Aufregung auf das eigene Herz legt. Das bedeutet Nicht-reagieren.

F: Ich reagiere immer sehr schnell ungehalten, wenn irgendetwas meine Ordnung stört. Wie kann ich das überwinden?
A: Wir können lernen, unsere Reaktionen zu betrachten

und sie zu ersetzen. Die ungehaltene innere Reaktion macht uns selbst unglücklich. Sollten wir dann diese Reaktion aussprechen oder danach handeln, dann haben wir eine sehr unangenehme Situation geschaffen, von der zwei oder mehr Menschen betroffen sind. Behalten wir unsere Reaktion für uns, dann versuchen wir es auf die eine oder andere Weise zu unterdrücken. Das hilft alles nichts. Das einzig Sinnvolle ist das Ersetzen. Und ersetzen lernen wir in der Meditation und üben es immer wieder, bis es zur Selbstverständlichkeit wird. Wenn es dann einmal zur Selbstverständlichkeit geworden ist, müssen wir nicht einmal mehr ersetzen, denn dann können wir das Negative fallen lassen. Natürlich ist das schwieriger, aber durch das ständige Praktizieren des Ersetzens können wir Negativitäten dann fallen lassen. Wir können auch erkennen, dass ungehalten oder ärgerlich sein uns selbst keine Vorteile bringt, im Gegenteil. Eines Tages sind wir in der Lage, zu uns selbst zu sagen: „Ich bin närrisch, mir selbst Nachteile zu verschaffen." Wenn wir das erst einmal gemerkt haben, geht es im Allgemeinen ziemlich schnell voran mit dem Ersetzen.

F: Wie kann ich mein Denken, mich ständig bewertet zu finden und auch mich selbst zu bewerten, verändern?
A: Wir glauben ja nur, dass andere uns bewerten, weil wir uns selbst bewerten. Wie wir uns selbst ständig bewerten, so machen wir das auch mit jedem anderen. Wir separieren uns also laufend von allen anderen Menschen, sodass kein Gefühl für die ganze Schöpfung besteht. In dieser gesamten Schöpfung sind wir alle enthalten und wir gehören dazu. Auch sind wir alle in der Lage, in eine Bewusstseinsebene einzutreten, auf der das ganz deut-

lich wird. Dort gibt es keine Bewertungen, sondern nur reines Sein. Weil wir andere bewerten, kommt es uns nur vor, dass andere uns bewerten. Wenn wenig Selbstliebe vorhanden ist, meinen wir, dass wir uns selbst bewerten sollten. Es ist ein einfaches und dennoch äußerst wichtiges Phänomen, dass nur das wertvoll ist, was aus Liebe geschieht. Nehmen wir diesen Gedanken überhaupt einmal in uns auf, dann ist diese Bewertung von uns selbst und von anderen vollkommen unnötig. Liebe bewertet nicht, sondern sie ist eine Herzensaktion. Das heißt also als Antwort auf diese Frage, dass wir mehr Liebende-Güte-Meditation für uns selbst praktizieren sollten.

Die Formel heißt: Erkennen, nicht tadeln, ändern. Ohne uns selbst zu erkennen, können wir nichts machen, aber das sind keine Werturteile. Erkennen und Werturteile sind nicht dasselbe. Was wir erkennen, können wir ändern. Was wir nicht erkannt haben, können wir nicht ändern. Also aus Liebe zu sich selbst erkennen und – wenn nötig – ändern. Alles, was wir anderen Menschen aus Liebe zu ihnen tun, ist wohlgetan. Alles, was nicht aus Liebe geschieht, geht im Allgemeinen schief. Und es geht für uns selbst schief, nicht für den anderen. Denn wir sind vollkommen verantwortlich für alles, was wir tun. Vielleicht können wir es so am einfachsten ausdrücken: Es ist ein Bemühen um ein liebevolles Umgehen mit uns und anderen. Und dass andere Menschen Fehler machen, hat damit überhaupt nichts zu tun. Auf der weltlichen Ebene gibt es mehr Fehler als das Gegenteil. Es hat nichts damit zu tun, dass wir lieben können oder nicht lieben können, weil andere fehlerfrei sind. Einen fehlerfreien Menschen zu finden, ist ein Phänomen. Ein fehlerfreier Mensch ist ein Heiliger, von denen es nicht sehr viele gibt. Also Liebe in sich entwickeln hat nichts mit dem zu tun, was wir lieben. Es ist einfach die Fähigkeit unseres Herzens. Und das ist hierbei vielleicht die Hauptsache, die wir bei diesem Problem lernen können.

Glossar

Die folgenden Pāli Wörter enthalten Konzepte und Ideen, für die es im Deutschen keine entsprechenden Synonyme gibt. Die Erklärungen dieser Ausdrücke sind dem „Buddhistischen Wörterbuch" von Nyāṇatiloka Mahāthera entnommen.

Achtfacher Pfad: Der zur Erlösung vom Leiden führende Pfad, d. i. die vierte der → vier Edlen Wahrheiten, nämlich:

1. Rechte Erkenntnis (*sammā Diṭṭhi*)
2. Rechte Gesinnung (*sammā Sankappa*)
3. Rechte Rede (*sammā Vācā*)
4. Rechte Handlung (*sammā Kammanta*)
5. Rechter Lebenserwerb (*sammā Ājīva*)
6. Rechte Anstrengung (*sammā Vāyāma*)
7. Rechte Achtsamkeit (*sammā Sati*)
8. Rechte Sammlung (*sammā Samādhi*).

Anattā: Nicht-Selbst, Nicht-Ich oder Substanzlosigkeit von allem, was existiert. – Die Lehre von *Anattā* besagt, dass es weder innerhalb noch außerhalb der körperlichen und geistigen Daseinserscheinungen irgendetwas gibt, das man als eine für sich bestehende unabhängige Persönlichkeit bezeichnen könnte. – Eines der drei Daseinsmerkmale.

Anicca: Vergänglichkeit, ist eine Grundeigenschaft

aller bedingten Vorgänge, seien sie körperlich oder geistig, grob oder fein, in der Innen- oder Außenwelt. – Eines der drei Daseinsmerkmale.

Dhamma: Die Lehre des Buddha, Naturgesetz, Gesetz, Wahrheit, Erscheinungen. – Das *Dhamma* als das vom Buddha erkannte und verkündete Gesetz ist zusammengefaßt in den → vier Edlen Wahrheiten.

Dukkha: Leiden, Leidunterworfensein, Unbefriedigtsein, Unzulänglichkeit. – Eines der drei Daseinsmerkmale und die erste der vier Edlen Wahrheiten.

Erleuchtungsfaktoren: Die sieben Erleuchtungsglieder: 1. Achtsamkeit, 2. Ergründung der drei Daseinsmerkmale, 3. Willenskraft, 4. Entzücken, 5. Innerer Frieden, 6. Tiefe Konzentration, 7. Gleichmut.

Hindernisse, fünf: 1. Begierde nach Sinnesbefriedigung, 2. Übelwollen, 3. Lässigkeit und Trägkeit, 4. Unruhe und Rastlosigkeit, 5. Zweifelsucht.

Karma: Wörtl. Wirken, Tat; bezeichnet die heilsame oder unheilsame Absicht, die hinter unseren Gedanken, Worten und Taten steht. *Karma* bedeutet also keineswegs das Ergebnis des Wirkens oder das Schicksal von Menschen oder ganzen Völkern.

Nibbāna: Wörtl. nicht-brennen; ist das höchste Ziel allen buddhistischen Strebens, die endgültige, restlose Befreiung aus der Daseinsrunde, von allem künftigen Wiedergeborenwerden, Altern und Sterben, Leiden und Elend.

Samādhi: Ruhe, Ruhemeditation, ein Synonym von *Samatha.*

Sati: Achtsamkeit.

Stück-für-Stück-Meditation: Achtsamkeit auf die Empfindungen im Körper (diese geleitete Meditationsmethode gibt es von Ayya Khema gesprochen auf Audiokassette und CD im Buddha-Haus / Jhana Verlag).

Sutta: Lehrrede.

Tugendregeln, fünf: 1. Ich will mich darin üben, keine Lebewesen zu töten. 2. Ich will mich darin üben, nichts zu nehmen, was mir nicht gegeben wurde. 3. Ich will mich darin üben, sexuelles Fehlverhalten zu vermeiden. 4. Ich will mich darin üben, nicht zu lügen und keine groben Worte zu gebrauchen. 5. Ich will mich darin üben, Alkohol und Drogen zu vermeiden.

Vertiefungen oder Jhānas: Vertiefung, meditative Vertiefung. Bezeichnung für die vier feinkörperlichen und die vier formlosen meditativen Vertiefungen. (Genauere Erläuterung dazu in „Die vier Ebenen des Glücks“ von Ayya Khema, Jhana Verlag).

Vipāka: Karmawirkung.

Vollkommenheiten, zehn: 1. Freigebigkeit, 2. Sittlichkeit, 3. Entsagung, 4. Wissen, 5. Willenskraft, 6. Nachsicht, 7. Wahrhaftigkeit, 8. Entschluss, 9. Liebende Güte, 10. Gleichmut.

Wahrheiten, vier Edle: 1. Existenz ist *Dukkha*. 2. Der Grund dafür ist Begierde. 3. Es gibt ein Ende von *Dukkha*, das →*Nibbāna* heißt. 4. Der Weg, der dorthin führt, ist der Edle Achtfache Pfad.

Weitere Titel von Ayya Khema im Jhana Verlag

Um was geht's in der Meditation?

Fragen an Ayya Khema Band II

Broschiert, 220 Seiten

ISBN 978-3-931274-35-1

Ayya Khema

Das Größte ist die Liebe

Die Bergpredigt und das Hohelied der Liebe aus buddhistischer Sicht

Broschiert, 128 Seiten

ISBN 978-3-931274-02-3

Ayya Khema

Ein Leben in Liebe und Weisheit

Begegnung mit einer Mystikerin

Hardcover, 144 Seiten,
mit zahlreichen Farbabbildungen

ISBN 978-3-931274-38-2

JhanaVerlag

Weitere Titel von Ayya Khema im Jhana Verlag

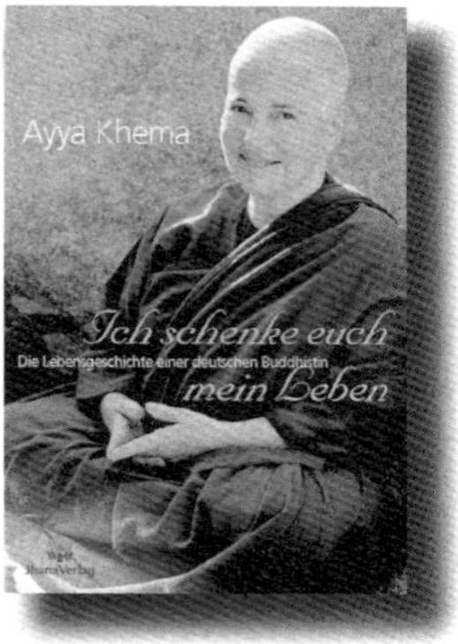

Ayya Khema

Ich schenke euch mein Leben

Die Lebensgeschichte einer deutschen Buddhistin

Hardcover, 240 Seiten,
mit zahlreichen Abbildungen
ISBN 978-3-931274-34-4

Ayya Khema

Die Kunst des Loslassens

Der Weg der meditativen Vertiefungen

Hardcover, 208 Seiten
ISBN 978-3-931274-33-7

Ayya Khema

So weit die Kraft des Herzens reicht

Geleitete Meditationen auf CD

ISBN 978-3-931274-36-8

JhanaVerlag

Interessenten wenden sich bitte an:

BUDDHA-HAUS
Meditations- und Studienzentrum e.V.
Uttenbühl 5 · 87466 Oy-Mittelberg
Tel. 08376/502 · Fax 08376/592
info@buddha-haus.de
www.buddha-haus.de
online-shop: www.jhanaverlag.de

BuddhaHaus
Meditations- und Studienzentrum e. V.